L'évolution du contentieux médical et ses conséquences sur la relation médecin-assureur

ISBN : 2-7475-6129-1
EAN : 9782747561297

Anne BACHELLERIE

L'évolution du contentieux médical et ses conséquences sur la relation médecin- assureur

L'Harmattan	L'Harmattan Hongrie	L'Harmattan Italia
5-7, rue de l'École-Polytechnique	Hargita u. 3	Via Bava, 37
75005 Paris	1026 Budapest	10214 Torino
FRANCE	HONGRIE	ITALIE

AVANT-PROPOS

Ce mémoire est l'aboutissement de trois années d'études à l'EDHEC ainsi que de stages en Cabinet d'Avocats et dans des Compagnies d'Assurance. L'approche économique de la responsabilité médicale n'est pas chose facile car l'enjeu du contentieux médical concerne principalement l'individu et ses conditions de vie.
Cette étude n'a pas pour objectif de critiquer les positions de l'un ou l'autre des acteurs impliqués dans le contentieux médical mais d'expliquer leurs intérêts, leurs choix ainsi que les solutions apportées dans un souci d'équilibre économique et d'équité.

Les propos tenus dans ce mémoire n'engagent que leur auteur.

REMERCIEMENTS

Tout d'abord, je souhaiterais remercier Hubert LEFEBVRE, Professeur à l'EDHEC et Doyen honoraire de la Faculté Libre de Droit de Lille pour m'avoir soutenue dans ce projet, dès son origine, avec le plus grand enthousiasme.

Merci à :

Maître Benoît GUILLON, Avocat au Barreau de Paris, dont la compétence en matière de préjudice corporel est reconnue et qui a su me donner le goût d'entreprendre cette étude,

Maître Franz VAN DER MOTTE, Avocat au Barreau de Paris, pour ses encouragements et le temps qu'il m'a permis de consacrer à ce mémoire,

Maître Aurélie COVIAUX, Avocat au Barreau de Paris, pour ses conseils et ses critiques avisées,

Mes parents pour m'avoir appris très tôt le langage de l'assurance,

Tous ceux qui m'ont apporté leur soutien et les informations nécessaires à la rédaction de ce mémoire.

"*Autrefois, on se bornait à plaindre les victimes d'accident, ne doutant pas qu'elles dussent en porter la charge, quand l'accident n'avait pas pour cause la faute d'autrui. Aujourd'hui, ni la victime, ni l'opinion ne l'admettent plus. L'idée d'attacher une responsabilité au risque traduit cette tendance. Il convient sans doute d'en limiter l'usage ; mais on ne peut plus le supprimer.* "

René SAVATIER (1950), Traité de la responsabilité civile
en droit français (2è édit., t.I)

INTRODUCTION

L'année 2002 a débuté par une forte mobilisation des professionnels de santé, en particulier des praticiens, dont la revendication principale était une amélioration de leurs conditions d'exercice et d'existence. Quelle est la cause d'un tel mouvement ? La loi du 4 mars 2002 et son intention de réformer le système de santé ? En partie, certes, mais cette " révolte " du monde médical tient son origine de difficultés bien plus anciennes que le législateur a tenté de résoudre en fonction des moyens disponibles.

Le XXe siècle a vu l'essor de la médecine. Aux vues des constantes avancées techniques, il est difficile aujourd'hui de penser qu'aucune maladie, qu'aucun dommage corporel ou qu'aucune défectuosité de la machine humaine ne puisse être résolu par le corps médical. La médecine est certes une science qui permet de corriger bon nombre d'anomalies, mais elle est aussi un art dont le médecin, de sa main, est l'illustre serviteur. Le médecin n'est par un surhomme, il a ses limites tout comme l'art qu'il sert.

Le patient, dans tout acte de soins, s'en remet à son médecin. L'évolution de notre société, sans modifier la confiance du patient envers le savoir-faire du praticien, conduit toutefois à affirmer les exigences du patient et son refus de l'échec. Ceci se traduit plus généralement par une aversion grandissante au risque. Le médecin, qui était autrefois considéré comme un serviteur de Dieu et auprès duquel on ne venait donc chercher aucun compte, est peu à peu devenu un justiciable comme tous les autres individus. En France, la responsabilité du médecin apparaît pour la première fois dans un arrêt du 18 juin 1835 de la Cour de Cassation qui engage la responsabilité du médecin en cas de faute grave[1]. Mais c'est dans la deuxième moitié du XXe siècle que la responsabilité du médecin va être de plus en plus mise en cause. Le patient devient un " consommateur de soins " et demande alors au médecin de répondre de la réalisation des risques, relevant autrefois de la seule volonté de Dieu. Ainsi on assiste à une augmentation du contentieux médical car les " consommateurs " ont plus fréquemment recours à la justice, considérant que tel est leur droit pour obtenir ce qui leur semble dû ; le recours à la justice dans le domaine médical tend alors à se banaliser. Depuis ces quinze dernières années, le nombre de réclamations en réparation auprès des Compagnies d'Assurance couvrant le risque de responsabilité médicale a augmenté de 50 %[2]. Cette hausse doit toutefois être nuancée comparativement au nombre d'interventions effectuées (environ un million par jour).

Les réclamations présentées par les patients concernent principalement le droit à réparation dont l'application concrète est l'indemnisation de la victime. Or, dans le système juridique français, le droit à réparation est indissociable du droit de la responsabilité[3]. La responsabilité du professionnel de santé relève en règle générale d'une obligation de moyens ; le patient et le praticien étant liés par un "*véritable contrat comportant, pour le praticien, l'engagement, sinon, bien évidemment, de guérir le malade, ce qui n'a d'ailleurs jamais été allégué, du moins de lui donner des*

---

[1] Affaire Thouret Noroy c/ Guigne, S. 1835, I, n°26, p. 401 et s. ; D. 1835, 1, p. 300, concl. Dupin

[2] Responsabilité médicale : l'expérience du Groupe des Assurances Mutuelles Médicales (GAMM) : *Bull. Acad. nat. méd.* 1998, 162, n° 3, séance 17 mars 1998

[3] à l'exception du régime dérogatoire de la loi du 5 juillet 1985 et de l'indemnisation par la CIVI, le Fonds de Garantie et l'ONIAM

soins, non pas quelconques, ainsi que paraît l'énoncer le moyen du pourvoi, mais consciencieux, attentifs, et, réserves faites de circonstances exceptionnelles, conformes aux données acquises de la science".[4] La responsabilité du professionnel de santé ne peut donc être engagée, en principe, que dans le cas d'une faute dans l'exécution du contrat. Toutefois, dans un souci d'indemnisation des victimes, la jurisprudence, civile ou administrative, contourne ce principe et reconnaît dans certains cas une responsabilité "sans faute" du praticien ou de l'établissement de soins, ce qui a pu faire croire à un transfert d'une obligation de moyens vers une obligation de résultat. L'attente d'une sécurité toujours plus grande dans l'administration de soins a, en outre, amené le juge à indemniser l'aléa thérapeutique lorsque les dommages étaient anormalement graves[5]. L'indemnisation des victimes d'accidents thérapeutiques apparaît souvent justifiée mais ses conséquences sur la responsabilité des acteurs médicaux frôlent les limites du tolérable. Face à une telle situation, le législateur a pris le parti de ne pas accabler le médecin d'une responsabilité entraînant parfois l'impossibilité d'exercer de ce dernier en instaurant un fonds d'indemnisation pour les accidents médicaux les plus graves. Ainsi, l'Office National d'Indemnisation des Accidents Médicaux (ONIAM), institué par la loi du 4 mars 2002 et dont la mission a été complétée par la loi du 30 décembre 2002, a pour objectif la prise en charge par la solidarité nationale des victimes d'accidents thérapeutiques dont le taux d'IPP est supérieur à 24 % (I).

La création de l'ONIAM ne constitue pas seulement un avantage pour les acteurs médicaux mais aussi pour les as-

---

[4] Arrêt Mercier, Cass. Civ., 20 mai 1936, D. 1936, 1, 88, concl. Matter, rapp. Josserand

[5] CE Ass.,9 avril 1993, Bianchi, Recueil Lebon, p. 127, concl. S. Dael

sureurs. En effet, l'ONIAM prend notamment en charge les conséquences de l'aléa thérapeutique qui, avant la loi du 30 décembre 2002, pouvait parfois, par un détournement des règles de droit par les juges, mettre en cause la responsabilité du médecin et donc entraîner la couverture du sinistre par les Compagnies d'Assurance. Or la branche de l'assurance en responsabilité civile médicale connaît depuis de nombreuses années des difficultés économiques importantes ; le Sou Médical est ainsi déficitaire depuis trois ans. La crise économique et ses conséquences sur les marchés boursiers n'ont fait qu'aggraver cette situation. De plus, l'évolution de la jurisprudence et l'obligation d'assurances de tous les acteurs médicaux, imposée par la loi du 4 mars 2002, ont entraîné la fuite des Compagnies d'Assurance étrangères, détériorant un peu plus le marché de l'assurance en responsabilité médicale. Pour préserver un équilibre financier, les assureurs ont donc augmenté le montant des primes des polices d'assurances, en particulier pour les médecins exerçant en libéral ; un chirurgien et un gynécologue exerçant en libéral payent une prime annuelle moyenne de 15.000 euros et pour un chirurgien esthétique, la prime s'élève à 22.000 euros. La relation entre les professionnels de santé et leurs assureurs est donc déséquilibrée par l'évolution jurisprudentielle et législative au profit des assureurs qui jouissent d'une position dominante ; pour exercer, le médecin doit être assuré et est donc soumis aux conditions économiques de l'assureur. De plus, si les lois de l'année 2002, ont répondu favorablement aux revendications des assureurs, il n'en est pas tout à fait de même pour les acteurs médicaux (II).

Les lois du 4 mars et du 30 décembre 2002 vont-elles permettre le retour à une situation acceptable pour les professionnels de santé, les assureurs et les victimes ? Ces lois ont consacré la mise en cause de la responsabilité des acteurs médicaux pour faute, transféré la charge des indemnités les plus lourdes des assureurs à la solidarité nationale, mais tout ceci est-il suffisant ?

I - Le droit des victimes d'accidents thérapeutiques et la responsabilité du professionnel de santé

Le recours à la justice se banalise et les juges civils et administratifs sont plus sensibles au sort des victimes, tentant, dans les limites du droit, à les indemniser au mieux. Le législateur a ainsi cherché une solution répondant à un souci d'indemnisation des victimes et de protection des acteurs médicaux dans l'exercice de leur art. Malgré la volonté d'instaurer un système d'indemnisation juste, les difficultés et les inégalités persistent (A). La responsabilité des acteurs médicaux, quant à elle, n'a pas été réformée et la dépendance des droits à réparation et de la responsabilité entraîne aujourd'hui de nouvelles obligations dans l'exercice de la médecine (B).

A - Les deux systèmes d'indemnisation

Après la loi du 4 mars 2002[6], une personne s'estimant victime d'une erreur médicale peut avoir recours soit:

- à une procédure judiciaire où deux cas sont possibles : la procédure civile et la procédure administrative (1) ;
- à une procédure amiable auprès de l'Office National d'Indemnisation des Accidents Médicaux (ONIAM) (2),

[6] L. n° 2002-303, 4 mars 2002, relative aux droit des malades et à la qualité du système de santé, JO 5 mars 2002, p. 4118, D. 2002, p. 1022

Ces deux procédures ne sont pas exclusives l'une de l'autre ; la victime a ainsi toute liberté pour choisir la procédure à engager.

1- Les procédures civile et administrative

Avant toute réclamation devant une juridiction, la personne qui s'estime victime d'un accident thérapeutique doit demander une expertise au juge des référés pour établir l'éventuelle responsabilité du professionnel de santé ainsi que l'évaluation de son préjudice.

i - L'évaluation du préjudice corporel

L'indemnisation d'une victime d'accident, qu'il soit thérapeutique ou non, repose sur l'évaluation du préjudice subi par la victime. Ce préjudice peut être moral mais il est avant tout corporel. Or l'évaluation de ce préjudice corporel est un sujet très délicat à traiter dans la mesure où l'on ne peut pas apprécier la valeur humaine en comparaison avec un montant financier. C'est ainsi que Monsieur Max LE ROY, dans son ouvrage " L'évaluation du préjudice corporel "[7], s'attache, en magistrat pragmatique, à donner une définition claire de l'indemnisation des victimes et à comparer les résultats obtenus à partir du " point d'incapacité[8] ". Ce sys-

[7] LE ROY Max, Président de Chambre honoraire à la Cour d'Appel de Paris, Préface de Monsieur Henri MARGEAT, (2000), L'évaluation du préjudice corporel, LITEC

[8] Point d'incapacité : définition empirique. Voir évolution Annexe 1

tème est d'ailleurs encore employé par les assureurs et par la loi du 5 juillet 1985 pour obtenir des statistiques nationales des décisions judiciaires et des transactions. Le souhait de Monsieur Max LE ROY d'une harmonisation des indemnisations est le reflet d'une volonté de garantir l'équité entre toutes les victimes indemnisées. Il s'est alors attaché à deux questions, la première étant la traduction pécuniaire de l'atteinte à la chair ou à la vie, la deuxième, la création d'un système de référence afin de ne pas avantager ou léser une victime par rapport à une autre ayant subi un dommage comparable mais dans des circonstances différentes. Une étude réalisée en 1968 sur l'indemnisation des victimes d'accidents, révèle que sur une base comparable, l'écart type entre les indemnisations peut atteindre 240 %. Aujourd'hui, l'écart le plus important enregistré dans les juridictions et les transactions est évalué à 60 %. L'amélioration est certaine mais le résultat n'est pas encore satisfaisant. De plus, la loi du 5 juillet 1985[9] définit notamment la notion de " réparation intégrale ". La réparation doit ainsi être égale à la totalité du préjudice sans jamais le dépasser. Ceci apparaît bien utopique dans la mesure où jamais aucun système d'indemnisation ne pourra réparer intégralement des préjudices extrapatrimoniaux, la compensation en argent étant inadaptée au type de dommages subis dans de tels cas.

En France, le propre de la responsabilité civile est de rétablir le plus exactement possible un équilibre brisé par le dommage et de replacer la victime, aux dépens du responsable, dans la situation où elle se serait trouvée si l'accident

[9] L. n° 85-677 du 5 juill. 1985 tendant à l'amélioration de la situation des victimes d'accidents de la circulation et à l'accélération des procédures d'indemnisation, JORF du 6 juill. 1985, Chapitre II, art. 28 à 33.

n'avait pas eu lieu[10]. Ainsi, l'indemnité nécessaire pour compenser le préjudice doit être calculée sur la valeur du dommage au jour du jugement ou de l'arrêt[11]. Pour apprécier un préjudice en matière de responsabilité civile, les juges du fond ont un pouvoir souverain d'appréciation pour la fixation des dommages et intérêts. Ils ne sont ainsi pas tenus de fournir les détails des évaluations ayant conduit à la fixation des indemnités allouées à la victime. Il arrive donc parfois que les juges procèdent à une évaluation globale des divers préjudices sans en donner le détail, ce que l'on appelle réparation des dommages globaux " *toute cause de préjudice confondue* ". La justification de cette indemnisation " *in globo* " du préjudice a été donnée par la Cour d'Appel de Paris le 29 mars 1957[12] où elle soutient que " *à raison de l'unité de la personne humaine et de l'interprétation des diverses activités de l'homme, l'examen général des conséquences dommageables de l'accident risque de dégager des éléments de préjudice faisant double emploi ou en tout cas difficilement séparables. Par conséquent, il ne convient pas de chiffrer individuellement chacun de ces éléments* ". Dans le cas où le quantum du dommage ne peut pas être immédiatement déterminé, le Tribunal peut accorder une provision à la partie civile.

Bien qu'il soit reconnu aux juges du fond un pouvoir souverain d'appréciation pour fixer le montant de l'indemnisation à allouer aux victimes d'un accident thérapeutique, les juges ont systématiquement et nécessairement recours à des experts pour pouvoir statuer en connaissance de cause. Ainsi, dans de nombreux dossiers, les juges se reportent aux

---

[10] Cass. 2e civ., 28 oct. 1954, D. 1954, somm. 32, Cass.2é civ., 18 janv. 1973, Bull. Civ. II, n° 27, p. 20

[11] Cass. Crim. 29 mai 1957 : Bull. crim. N° 456, p 820

[12] CA Paris, 1re Ch. Suppl., 29 mars 1957 : JCP 1957, IV, 95

conclusions des experts médicaux. Il est nécessaire de souligner que dans la procédure judiciaire ou administrative, c'est le juge qui nomme l'expert. Or le juge n'a pas forcément tous les éléments nécessaires pour désigner au mieux un expert. Il n'est pas rare que devant un Tribunal, un expert soit nommé pour effectuer une expertise dans un domaine dont il ne maîtrise pas toutes les connaissances. Ainsi, dans des dossiers où les connaissances techniques et médicales doivent être précises et approfondies, il arrive que plusieurs collèges d'experts soient désignés par le Tribunal, ce qui allonge la procédure. L'expertise revêt une grande importance car c'est avant tout elle qui va être à l'origine de la décision du juge sur l'existence de la faute notamment. En effet, en droit commun, la victime a la charge de démontrer que le dommage subi est la conséquence directe de la faute ou de l'accident[13]. Le bénéfice du doute ne pouvait pas être invoqué par la victime car il n'existait pas en droit commun de présomption d'imputabilité[14] à l'exception des transfusions sanguines et de la contamination par l'hépatite C. L'évolution des jurisprudences judiciaires et administratives a ensuite conduit à la reconnaissance de la présomption d'imputabilité pour les infections nosocomiales et le défaut d'information, ce que la loi du 4 mars 2002 a entériné : la charge de la preuve est ainsi renversée dans les cas précédemment énumérés. C'est alors au professionnel de santé ou à l'établissement de soins d'apporter la preuve qu'ils ne sont pas responsables de l'accident et du dommage commis pour s'exonérer de leur responsabilité.
Deux catégories de dommages existent dans le cas d'accidents : les dommages matériels et les conséquences des blessures ou du décès de la victime (frais médicaux et

---

[13] art. 1315 C. civ.
[14] Cass. Soc., 27 janv. 1988 : Bull. civ. IV, n° 77, p 52 s.

pharmaceutiques, perte de gains, souffrances endurées). Dans cet écrit, nous nous intéresserons surtout aux conséquences des blessures ou du décès de la victime car il est rare qu'un accident thérapeutique cause des dommages matériels. Jusqu'à l'arrêt de la Deuxième Chambre Civile de la Cour de Cassation du 7 février 1979[15], le préjudice résultant d'une incapacité temporaire subi par la victime était considéré comme constitué d'une part, par le montant des gains dont elle a été privée et d'autre part, par les frais que cette incapacité a entraînés. La Cour de Cassation, le 7 février 1979, estime qu'il faut également tenir compte des souffrances psychiques ressenties par la victime et liées au dommage. Le préjudice patrimonial subi par la victime est évalué à partir du taux d'IPP (Incapacité Permanente Partielle), c'est-à-dire la réduction du potentiel physique, psychosensoriel ou intellectuel dont reste atteinte une victime dont l'état est consolidé. La date de consolidation est donc aussi un élément important dans l'indemnisation du préjudice corporel car elle constitue la date à laquelle celui-ci peut être définitivement déterminé. La consolidation est déterminée par " *le caractère chronique des troubles et l'absence d'évolutivité, la fin de la thérapeutique active et l'aptitude de l'intéressé à reprendre une activité professionnelle même réduite* ". Les juges du fond ont là aussi un pouvoir souverain d'appréciation pour fixer cette date.

---

[15] Cass. 2e civ., 7 févr. 1979: Bull. civ. II, n° 41, p 30

ii - Le contentieux de la responsabilité médicale devant les tribunaux

La procédure civile, qu'elle ait lieu devant une chambre civile ou correctionnelle d'un Tribunal de Grande Instance, et la procédure administrative ne se fondent pas sur les mêmes textes de loi. C'est pourquoi il est nécessaire de définir ces deux systèmes juridiques (a). Ces dernières années, force est de constater que les jurisprudences civiles et administratives tendent à se rejoindre en favorisant la victime. Cependant des disparités persistent entre ces deux systèmes (b).

a - Mise en œuvre

(i) La procédure civile

La responsabilité civile médicale n'est pas une exception de la responsabilité civile. Elle est ainsi régie comme toute autre responsabilité civile. Cette procédure concerne la relation entre un médecin ou un établissement de santé du domaine privé et son patient.
Pour un litige concernant la responsabilité civile médicale, la victime peut engager une procédure soit :

- devant le juge des référés[16], sollicitant parfois une provision avant toute décision au fond : cette procé-

[16] Art. 808 et 809 NCPC

dure est relativement rapide (entre deux semaines et deux mois),

soit au fond après la demande d'expertise en référé : la procédure est plus longue. Devant le Tribunal d'Instance, la représentation par un avocat n'est pas obligatoire alors qu'elle l'est devant le Tribunal de Grande Instance.

Les tribunaux civils sont compétents en matière de préjudice patrimonial ou matériel (frais et pertes d'argent liés à l'accident) et de préjudice extra-patrimonial ou moral (préjudice esthétique, *pretium doloris*, agrément...). Le TI est compétent pour les montants inférieurs à 7.600 euros et le TGI pour les montants supérieurs.

Avant la loi du 4 mars 2002, la prescription était trentenaire (contractuelle). Elle est aujourd'hui décennale (Cf. infra).

•

(ii) La procédure administrative

La personne qui s'estime victime d'une erreur médicale peut engager une procédure devant un Tribunal administratif dans l'hypothèse où le dommage qu'elle a subi est dû " *à un mauvais fonctionnement du service public, résultant soit d'une mauvaise installation des locaux, soit d'un matériel défectueux, soit d'une faute commise par un membre du personnel auxiliaire de l'hôpital mis à la disposition du praticien opérant en clinique ouverte* "[17].

---

[17] CE, 4 juin 1965, Hôpital de Pont-à-Mousson c/ Epx Mathieu, Rec. CE, p 351, AJDA 1965, p 410, concl. T. Galmot ; CE, 9 juill. 1969, Epx Mathieu, Rec. CE, p 365, RD sanit. Soc. 1970, p 88, concl M. Morisot ; CAA Nancy, 4 mars 1997, Mme André, Petites Affiches, 23 janv. 1998, p 17, obs. P.T.

La particularité des hôpitaux publics est qu'une procédure amiable de règlement des différends est possible au préalable de tout contentieux et fortement recommandée. La victime présente alors une demande gracieuse au directeur de l'hôpital, préalablement à toute action contentieuse, qui peut amener celui-ci à proposer une transaction entre son assureur et la victime. Si la victime n'est pas satisfaite de l'indemnisation proposée, elle dispose d'un délai de quatre mois à compter de la réponse de l'hôpital pour la contester auprès du Tribunal Administratif compétent.
Pour la saisine d'une juridiction administrative, la victime doit s'assurer que son action respecte les règles de prescription. Cette prescription est régie par la loi n° 68-1250 du 31 décembre 1968 relative à la prescription des créances sur l'Etat, les départements, les communes et les établissements publics. Aux termes de l'article 1er de cette loi, " *sont prescrites [...] toutes créances qui n'ont pas été payées dans un délai de quatre ans à partir du premier jour de l'année suivant celle au cours de laquelle les droits ont été acquis* ".
Ce délai étant très bref dans le cas des accidents thérapeutiques, le législateur l'a modifié par l'article L. 1142-28 du Code de la santé publique – modifié par la loi du 4 mars 2002 – comme suit : " *les actions mettant en cause la responsabilité des professionnels de santé publics ou privés à l'occasion d'actes de prévention, de diagnostic ou de soin se prescrivent par dix ans à compter de la consolidation du dommage* ".
De même que pour la procédure civile, la responsabilité d'un établissement de santé public est engagée et une indemnité peut être versée si la preuve d'un préjudice résultant

d'une faute et d'un lien de causalité entre l'un et l'autre est apportée[18].

La désignation d'un expert est, dans la plupart des cas, une obligation de fait pour établir avec certitude l'existence d'un lien de causalité entre le préjudice et le fait générateur allégués par la victime, ainsi que pour évaluer médicalement les préjudices. Le juge ne fait toutefois pas automatiquement droit à la demande d'expertise de la victime, celle-ci devant apporter un minimum de preuve établissant l'existence " *prima facie* " du lien de causalité entre le préjudice subi et le fait générateur. Il est cependant rare qu'un magistrat refuse l'expertise. En effet, la charge des frais d'expertise incombe le plus souvent à la victime jusqu'à ce qu'une décision du Tribunal vienne éventuellement reconnaître la responsabilité du professionnel de santé ou de l'établissement auquel cas ces derniers sont condamner aux entiers dépens.

L'appréciation de la responsabilité d'un établissement public de santé, et donc de l'Etat, pour faute médicale reste très difficile même avec l'abandon du principe de faute lourde[19]qui pouvait se justifier par la complexité des actes médicaux. Le Conseil d'Etat n'entend pas en effet sanctionner toutes les erreurs médicales survenues dans le système de santé public. L'appréciation de la faute est alors adaptée aux spécificités de chaque acte médical, ce qui ne conduit pas à une harmonisation du régime de la responsabilité des personnes publiques en matière hospitalière.

Cette procédure est longue du fait même du fonctionnement des juridictions administratives.

---

[18] Les textes applicables sont les articles L. 111-2, L. 1121-7, L. 1142-1, L. 1142-4, L. 1142-5, L. 1142-9 et L. 1142-10 C. santé publ.

[19] CE, 10 avr. 1992, Epoux V., Publié au Recueil Lebon p. 171

(iii) La procédure pénale

Une procédure pénale est engagée dans les cas d'homicides et de blessures involontaires commis par maladresse ou négligence, infractions définies aux articles 221-6, 222-19 et 222-20 du Code pénal. Cette procédure, aussi longue et fastidieuse que la procédure civile pour la victime, est toutefois bien plus lourde de conséquence pour le praticien.
Lors d'une audience devant une chambre correctionnelle du Tribunal de Grande Instance de Paris, l'avocat d'un médecin, en défense, s'indignait d'ailleurs que des médecins, qui côtoient chaque jour la mort et qui ont donc des conditions de travail parfois difficiles à supporter, soient si souvent et si facilement mis en cause dans des procédures pénales. Pour cet avocat, le décès d'un patient, signifiant un échec d'une certaine manière pour le médecin, est déjà suffisamment lourd psychologiquement pour ne pas, de plus, supporter une procédure qui a souvent pour conséquence d'anéantir le praticien. Cet argument a sans doute un impact avantageux pour la défense devant le Tribunal, mais la souffrance des victimes et de leur famille n'est pas non plus à négliger. Toute la difficulté d'un procès pénal tient dans cet aspect psychologique. De plus, les sanctions pénales pour des homicides et blessures involontaires ne sont pas très bien comprises par la partie civile. Elles sont au maximum de 3 ans d'emprisonnement et de 45.000 €[20] d'amende quand il n'y a pas de circonstances aggravantes et les praticiens sont rarement condamnés à des peines de prison. Ceci peut pourtant se comprendre. Un acte involontaire, sauf si

[20] art. 221-6 C. pén.

l'imprudence est reconnue, n'est pas, par définition, l'expression d'une volonté de nuire. En outre, lorsque le Tribunal relaxe le praticien, il démontre bien que la part de l'aléa est grande.
Dans la procédure pénale, l'assureur n'est pas impliqué, hormis les dossiers où une partie civile est engagée dans le procès et demande des dommages et intérêts sur le fondement de la responsabilité civile. En effet, aucune assurance n'existe pour couvrir le risque pénal : ce n'est pas à l'assureur d'exécuter, à la place de son assuré, la peine prononcée.
Dans le cas d'un dommage survenu dans un établissement de santé public, la victime ne peut pas se constituer partie civile devant un Tribunal Correctionnel pour demander la liquidation de son préjudice. Les juges judiciaires ne sont pas compétents pour régler les litiges relevant du service public. Le Tribunal Administratif compétent doit être alors saisi parallèlement. Dans le seul cas d'une faute détachable du médecin, une procédure possible est la saisine de la Commission d'Indemnisation des Victimes d'Infractions (CIVI, art. 706-4 et s. C. proc. pén.). La CIVI est une juridiction à caractère civil instituée dans chaque TGI. L'indemnité allouée est versée par le Fonds de garantie.

Hormis la procédure pénale, où l'indemnisation de la victime n'est pas l'élément central du contentieux, on peut observer des inégalités d'appréciation des juges dans les jurisprudences d'indemnisation des victimes d'accidents thérapeutiques.

b - La jurisprudence : les inégalités d'indemnisation entre système de santé public et privé

Dans le paragraphe précédent, nous avons pu constater qu'une victime ne dispose pas des mêmes droits selon que l'accident thérapeutique est intervenu dans un établissement de santé public ou privé. Les jurisprudences administratives et civiles, tout en convergeant vers le même objectif d'une meilleure indemnisation des victimes, présentent deux différences fondamentales qui conduisent à une inégale indemnisation des victimes : les moyens juridiques et le montant des indemnisations.
Les tribunaux civils sont de plus en plus enclins à une exigence sur les “ moyens ” utilisés par le praticien ainsi que sur le défaut de consentement libre et éclairé, et traitent les dossiers d'indemnisation au cas par cas (i) tandis que les tribunaux administratifs tendent à invoquer tantôt un défaut d'organisation du service, tantôt un dommage anormalement grave faisant présumer une faute et indemnisent le plus souvent les victimes par une méthode de forfaitisation (ii).

(i) Les moyens

La principale différence entre les tribunaux civils et administratifs tient en ce que les juges administratifs suivent, dans la majorité des cas, les conclusions de l'expertise, alors que les juges civils s'affranchissent plus souvent des conclusions des experts. Ainsi, dans un jugement rendu le 6 mars

2000 par Tribunal de Grande Instance de Paris[21], le Tribunal motive sa décision sur le rapport d'expertise : " *Attendu qu'aux termes de son rapport particulièrement succinct dont le chapitre discussion d'une demi page ne contient aucune indication tant sur la technique chirurgicale utilisée et les gestes opératoires du docteur H. ... que sur le mécanisme de la complication survenue qui a conduit à une perte de vision de l'œil gauche de Madame J. ... [...], [l'expert] conclut à l'absence de responsabilité professionnelle du praticien sans l'expliciter qu'il ne peut être retenu de faute professionnelle per ou post opératoire ou autre maladresse* ".

On constate souvent dans la pratique que devant les juridictions administratives, il faut atteindre le second degré juridictionnel pour qu'un détachement critique soit constaté. Ainsi, un jugement du Tribunal Administratif de Rennes motivé comme suit " *Il résulte de l'instruction et en particulier des rapports d'expertise du 31 octobre 1990 et du 8 avril 1992 que l'intervention chirurgicale pratiquée sur M. P. a été menée suivant les règles de l'art [...],* a été infirmé par la Cour d'Appel de Nantes qui a reconnu la faute du médecin, contrairement aux conclusions de l'expertise.

La responsabilité de l'hôpital peut être engagée soit en cas de faute du médecin dans l'enceinte de l'établissement, de faute d'organisation de l'hôpital ainsi que pour certains cas par exception en l'absence de faute (réalisation d'un risque grave). La responsabilité des cliniques est engagée dans le domaine de l'accueil et de l'hébergement des patients, sauf à prouver l'existence d'une cause étrangère, du fait de son personnel salarié (qualification et formation), du fait des produits défectueux en tant que propriétaire du matériel et

---

[21] TGI Paris, 1ère chambre,3è section, JENART c/ HAYOT, 6 mars 2000, non publié

des équipements médicaux, ainsi que dans le domaine de l'organisation des services (plannings).

(ii) Le montant des indemnisations

Pour apprécier le montant de l'indemnisation, les juges se réfèrent aux valeurs fixes du " point d'Incapacité Permanente " en fonction de l'âge et du taux d'IPP de la victime, ce qui permet de lutter contre les disparités. Ce principe, adopté par certains chefs de Cour d'Appel ou de juridiction, bien qu'il soit suivi le plus souvent par les juges administratifs et qu'il ait le mérite d'unifier la tarification, est exposé à de nombreuses critiques. En effet, dans une jurisprudence ancienne, la Cour d'Appel de Paris décide que seuls doivent être pris en considération les éléments positifs et concrets, établissant matériellement des facteurs appréciables de préjudice, à l'exclusion de tout mode de calcul fondé sur une évaluation rigide et forfaitaire de la " *valeur du point d'invalidité* ". Alors que les tribunaux civils évaluent le plus souvent les indemnisations sur des éléments objectifs réels (" *in concreto* "), les décisions des juridictions administratives reflètent un phénomène de " forfaitisation " de l'indemnisation (" *in globo* "). De plus, les victimes recourant à une procédure administrative perçoivent des indemnités bien inférieures à celles allouées devant les tribunaux civils, ce qui est dû, en partie à la " forfaitisation " et à la sous-estimation de certains postes de préjudices[22] notamment pour les réparations des grands handicapés (tierce person-

[22] Réparation du dommage corporel : Obsolescence des barèmes de capitalisation et liberté du juge, Joseph GRIMALDI, Gaz. N° 166 à 168, 15-17 juin 2003.

nes, aide au logement, appareillage, aménagement des transports, pretium doloris, préjudice esthétique...).
Ainsi, selon le poste de préjudice et le taux d'IPP, les décisions des juridictions administratives présentent des montants d'indemnisation compris dans des " fourchettes " stables contrairement aux tribunaux civils.

Pour répondre à l'augmentation du contentieux médical et assurer une meilleure indemnisation des victimes sans accabler les professionnels de santé d'un élargissement de leur responsabilité, le législateur a procédé à une réforme de la responsabilité médicale par la loi du 4 mars 2002. En instituant l'Office National d'Indemnisation des Accidents Médicaux (ONIAM), il souhaite un " désengorgement " des tribunaux, une indemnisation plus rapide et une prise en charge des victimes par la solidarité nationale. Pour ce faire, il privilégie le règlement à l'amiable des litiges sans interdire la saisine " *prima facie* " des juridictions civiles et administratives.

2- La mise en place du système d'indemnisation des accidents médicaux issu de la loi du 4 mars 2002 – Développement du règlement à l'amiable

Pour l'élaboration de la loi du 4 mars 2002, une comparaison avec les législations de plusieurs pays européens, confrontés au même problème et ayant déjà adopté des systèmes extrajudiciaires, s'est avérée constructive (i) afin de mettre en place un système d'indemnisation extrajudiciaire répondant le plus justement aux attentes des victimes, des médecins et des acteurs économiques, dont au premier chef les Compagnies d'Assurance (ii).

i - Les systèmes d'indemnisation européens retenus par le législateur français

Une étude[23] présentée au Sénat montre que dans certains pays européens – Allemagne, Danemark, Royaume-Uni, Suède et Suisse – a été mis en place un fonds d'indemnisation des victimes d'accidents thérapeutiques. Dans la mesure où les systèmes de santé et juridiques de ces pays sont proches de ceux de la France, ces différentes expériences lui ont permis de mettre en place un nouveau système d'indemnisation. Le système d'indemnisation américain n'a pas fourni, de par sa nature, au législateur français des remar-

[23] Document élaboré par la Division des études de législation comparée du Service des affaires européennes à l'attention des Sénateurs pour la préparation de la loi du 4 mars 2002

ques susceptibles d'enrichir sa réflexion et n'a donc pas fait l'objet d'une étude particulière.
Outre le système d'indemnisation par recours aux juridictions de droit commun, trois systèmes d'indemnisation se dégagent de cette étude de législations comparées : l'indemnisation par des instances extrajudiciaires de médiation en Allemagne et en Suisse (a), le règlement amiable au Royaume-Uni (b) et la dispense de la preuve de l'existence d'une faute au Danemark et en Suède (c).

a – La médiation en Allemagne et en Suisse

La comparaison des systèmes d'indemnisation des victimes d'accidents thérapeutiques allemands et suisses avec la procédure suivie en France est logique dans la mesure où le système juridique de la responsabilité médicale en Allemagne et en Suisse est proche de celui appliqué en France. La responsabilité civile du médecin est appréciée dans ces deux pays selon les règles du droit commun de la responsabilité.
En Allemagne, le patient et le médecin sont liés par un contrat de service dans lequel l'une des parties s'engage à fournir une prestation à l'autre moyennant finances. Ce contrat ne comporte aucune obligation de résultat. En Suisse, le médecin et le patient sont, eux, liés par un contrat de mandat. Le mandat est un contrat par lequel le mandataire s'oblige dans les termes de la convention à gérer l'affaire dont il s'est chargé ou à rendre les services qu'il a promis. L'intervention thérapeutique constitue donc l'objet du contrat. Le mandataire, ici le médecin, est responsable envers le mandant, le patient, de la bonne exécution du mandat, ce qui exclut toute obligation de résultat, comme

dans le contrat de service. La responsabilité du médecin n'est alors engagée que sur l'existence d'une faute.
Dans les deux pays, c'est au patient qu'incombe la charge de la preuve de la violation du contrat par le médecin pour la mise en cause de la responsabilité de ce dernier, bien que le code des obligations en Suisse pose le principe de la présomption de faute lorsqu'une obligation n'est pas exécutée ou ne l'est qu'imparfaitement. Le médecin peut alors se disculper en établissant qu'aucune faute ne lui est imputable ou que la faute n'a aucun lien de causalité avec le dommage subi par le patient.
En Allemagne et en Suisse, ce sont les médecins qui sont à l'origine des organismes d'indemnisation des victimes d'accidents thérapeutiques. Les Ordres régionaux des médecins en Allemagne ont créé des institutions de médiation à partir de 1975. En Suisse, la Fédération des médecins helvétiques a elle, institué deux bureaux d'expertise extrajudiciaires en 1982. Les institutions de médiation et les bureaux d'expertise extrajudiciaires peuvent être saisis à tout moment par des patients qui s'estiment victimes d'erreurs médicales. Ils procèdent à des expertises et se prononcent sur la réalité d'une erreur médicale. En Allemagne, les institutions de médiation se prononcent également sur le montant des dommages et intérêts à allouer à la victime, ce qui n'est pas le cas des bureaux d'expertise en Suisse qui n'évaluent jamais le préjudice subi mais dont les conclusions servent souvent de base à un accord amiable entre le médecin ou l'établissement et la victime. Ces deux instances semblent avoir un fonctionnement satisfaisant dans la mesure où le nombre des procès en responsabilité civile contre les médecins dans ces deux pays n'est plus que résiduel. Un autre avantage doit être reconnu à ces deux systèmes : ils sont pratiquement gratuits pour les patients qui n'abandonnent

pas leur droit de recours devant les tribunaux. En effet, les conclusions des instances de médiation allemandes et des bureaux d'expertise extrajudiciaires suisses ne sont pas exécutoires. Ces deux systèmes de procédure extrajudiciaire permettent dans ces pays le désengorgement des tribunaux civils et une indemnisation plus rapide des victimes.

Ces deux systèmes de procédure extrajudiciaire, avantageux par la rapidité des expertises, soulèvent des critiques. Les instances de médiation allemandes se voient reprocher une opacité de leur procédure en ce qu'elles tiennent à l'écart le patient de l'expertise et de leur décision, et un manque d'indépendance des deux instances qui les constituent : " les commissions d'experts " et " le bureau de conciliation ". On leur reproche des décisions souvent favorables au médecin : 70 % des décisions rendues exonèrent les médecins de leur responsabilité.

En Suisse, le problème de l'indépendance des experts ne se pose pas. L'objectivité des conclusions des bureaux d'expertise ainsi que leur indépendance vis-à-vis du corps médical sont unanimement reconnues. Cependant, entre 1982 et fin 1998, les bureaux d'expertise extrajudiciaires helvétiques ont traité peu de dossiers (environ deux mille) et la faute thérapeutique ou de diagnostic a été retenue dans un peu moins de 30 % des cas.

Les avantages de ces systèmes, dont certains principes ont été retenus par la France, sont la rapidité et le moindre coût des interventions.

b – Le règlement amiable au Royaume-Uni

Au Royaume-Uni, comme dans la plupart des pays européens, la responsabilité médicale est appréciée selon les règles de droit commun et les dossiers d'indemnisation des victimes d'accidents thérapeutiques sont en principe réglés par les tribunaux. Toutefois, particulièrement depuis l'entrée en vigueur le 26 avril 1999 de la réforme de la procédure civile qui a introduit le protocole pré-judiciaire pour la résolution du contrat médical, les transactions amiables se sont vues encouragées. Un patient traité dans un National Health Service (NHS), c'est-à-dire dans un établissement public de santé, n'a aucun lien contractuel avec ce dernier. Les demandes en réparation des dommages subis par une victime et imputés à la responsabilité du médecin sont ainsi traitées selon les dispositions relatives à la responsabilité délictuelle. Comme toute personne qui a violé son obligation de diligence et causé un dommage involontaire, le médecin peut être poursuivi pour négligence. Le patient, qui entame une procédure judiciaire sur ce fondement, doit établir que le médecin a commis une faute en ne faisant pas preuve de la diligence requise dans le traitement. En outre, le patient doit prouver qu'il y a un lien de causalité entre cette faute présumée et le dommage subi. Selon la jurisprudence *Bolam v. Friern Hospital Management Committee* du 26 février 1957, le médecin peut s'exonérer de sa responsabilité en établissant " *qu'il a agi conformément à une pratique jugée adéquate par un corps médical compétent d'experts dans ce domaine particulier de la médecine* ". Toute faute manifeste entraîne toutefois un renversement de la charge de la preuve. C'est alors au médecin défendeur de prouver qu'il n'a commis aucune faute.

Avant la réforme de la procédure civile entrée en vigueur le 26 avril 1999, l'action en justice était le seul moyen pour le patient d'obtenir la réparation financière de son préjudice. La réforme a donc mis en place, pour pallier à ces inconvénients, *un protocole pré-judiciaire* pour le règlement du contentieux médical. Dans ce protocole, l'accent est mis sur l'échange d'informations entre les parties ainsi que sur l'encouragement d'un règlement transactionnel pour permettre une gestion plus efficace des éventuelles suites judiciaires. La médiation reste une voie ouverte aux parties au Royaume-Uni. Pour encourager ce recours, le Ministère de la Santé a mené une expérience pilote des médiations au sein du NHS dans deux régions entre 1995 et 1998. Cette expérience a donné lieu à la publication d'un rapport en janvier 2000. En trois ans, douze cas ont fait l'objet d'une médiation pour lesquels 11 ont donné lieu à une conciliation sans conséquences pécuniaires et un seulement à un arrangement financier.

Le système anglais met donc en avant l'importance de l'information entre les parties. L'apport de l'expérience du Royaume-Uni dans la loi du 4 mars 2002 est essentiellement l'information portée à la connaissance du patient par son médecin lors du traitement.

c – L'absence de faute au Danemark et en Suède

Les systèmes danois et suédois sont très proches. Mais c'est la Suède qui a été le premier pays européen à séparer les notions de responsabilité médicale et de droit à compensation. En 1975, devant la difficulté de légiférer sur ce sujet, le Ministère de la Justice incite les conseils de comtés, gestionnaires des hôpitaux, et les assureurs à conclure un protocole d'indemnisation des victimes d'accidents thérapeutiques. Selon les termes de ce protocole, les victimes peuvent, dans certains cas, être indemnisées en-dehors de toute faute médicale. Ce protocole a été remplacé par l'entrée en vigueur le 1er janvier 1997 de la loi de 1996 relative à l'indemnisation des patients.

Au Danemark, le Parlement a adopté une loi sur l'assurance des patients qui est entrée en vigueur le 1er juillet 1992. Cette loi reconnaît, dans certains cas, un droit à indemnisation des victimes d'accidents thérapeutiques survenus dans un hôpital public. Elle oblige les établissements de soins publics à souscrire une assurance spéciale. " L'Association pour l'assurance des patients " est un regroupement des assureurs qui traite toutes les demandes d'indemnisation qui se rapportent à des accidents thérapeutiques survenus dans tous les établissements de soins. La loi sur l'assurance des patients au Danemark permet que la plupart des accidents thérapeutiques survenus en milieu hospitalier soient indemnisés y compris lorsque aucune faute n'a été commise par le médecin et que la responsabilité de ce dernier n'a pas été engagée. En revanche, le droit commun de la responsabilité est applicable lorsqu'une faute est présumée. La victime doit alors prouver l'existence d'un dommage subi du fait d'une erreur (ou d'une omission) de la part du professionnel, ainsi que d'un lien de causalité entre les deux. La loi sur l'assurance des patients, initialement limitée aux hôpitaux publics et aux hôpitaux privés signataires d'une convention de gestion avec les pouvoirs publics, a été étendue en juin 1999 aux établissements privés et aux spécialistes qui exercent en libéral lorsqu'ils traitent des patients qui leur ont été envoyés par des établissements publics ou qui sont financièrement pris en charge par ces derniers. Dans tous les cas, seuls les préjudices physiques sont indemnisables. Les préjudices moraux sont alors exclus hormis le cas où ceux-ci sont la conséquence de préjudices physiques et atteignent la victime elle-même. Une franchise d'indemnisation des victimes a été fixé par la loi à 1.370,00 euros ce qui permet d'indemniser un grand nombre de victimes. Toute réclamation d'un patient qui s'estime victime d'un accident thérapeutique doit être adressée à l'Association pour l'assurance des patients au plus tard cinq ans après avoir eu connaissance du préjudice subi et dix ans après la survenance de ce dernier. L'hôpital doit lui aussi envoyer un dossier à l'Association qui examine alors tous les éléments des deux dossiers. En premier lieu, elle évalue l'élément juridique de l'affaire et écarte alors les demandes infondées et elle procède ensuite à une évaluation médicale. Le délai nécessaire à l'examen des dossiers est compris entre 150 et 200 jours. L'évaluation du préjudice est faite à partir de barèmes qui se traduisent par un plafonnement des indemnités versées. Ainsi, depuis le 1er janvier 2000, ce plafonnement est fixé à 79.300 euros. Entre le 1er juillet 1992 et 31 décembre 1999, l'Association pour l'assurance des patients a rendu environ 12.000 décisions dont 41,32 % ont fait droit aux demandes. Plus de 40 % des décisions en faveur des victimes se fondent sur la non application de la règle de l'art par le praticien et environ un tiers sur l'aléa thérapeutique. Lorsque l'une des parties, assureur ou patient, n'est pas satisfaite de la décision de l'Association, elle peut déposer un recours auprès d'une Commission d'appel dans un délai de trois mois à compter de la date de rendu de la décision. En revanche, les hôpitaux ne disposent pas de ce droit. La Commission d'appel pour les dommages causés

au patient est placée sous l'autorité du Ministre de la Santé mais elle exerce son activité en toute indépendance. Son Président et son Vice-Président sont obligatoirement et selon les termes de la loi des magistrats professionnels. Toutefois, si l'Association rend ses décisions dans un délai bref, la Commission d'appel, qui est de plus en plus souvent saisie, a besoin d'un délai d'au moins un an et demi. Le dispositif danois instauré en 1992, a rempli son double objectif. L'amélioration des possibilités d'indemnisation et le traitement plus rapide des demandes. Cependant des modifications ont été nécessaires et le Ministère de la Santé, en 1997, s'est prononcé pour l'élargissement du champ d'application de la loi à tous les médecins libéraux et à certaines professions paramédicales, à l'indemnisation des préjudices psychiques ainsi que pour la réorganisation de la Commission d'appel afin que le délai du rendu de ses décisions soit inférieur à six mois.
Les avantages des systèmes danois et suédois sont non seulement la rapidité des décisions et le large champ d'application de la loi.

Ces six systèmes d'indemnisation extrajudiciaires, permettent ainsi de dégager cinq points essentiels pour la mise en place d'un système d'indemnisation en France répondant à une majorité des problèmes posés au législateur : rapidité, efficacité, large champ d'application de l'indemnisation, information et règlement amiable. Observons maintenant le champ d'intervention de l'ONIAM issu de la loi du 4 mars 2002.

ii - Rôle de l'ONIAM et évaluation du préjudice corporel définis par les décrets d'application de la loi du 4 mars 2002

La circulaire DSS/2 B/DGS 2002-516 du 8 octobre 2002 a permis la mise en application des Commissions Régionales de Conciliation et d'Indemnisation (CRCI) des victimes d'accidents médicaux, des affections iatrogènes et des infections nosocomiales au sein de l'ONIAM (Office National d'Indemnisation d'Accidents Médicaux). L'ONIAM a pour principale mission d'indemniser, pour le compte de l'Etat, les victimes d'accidents thérapeutiques, après avis des CRCI, et d'assurer le fonctionnement de ces Commissions. Ce dispositif a pour objectif la " réparation intégrale " des dommages subis qui résultent ou non d'une faute dans le cadre d'une procédure amiable. L'ONIAM, matérialisation de la solidarité nationale, est un établissement public de l'Etat à caractère administratif. Cependant, seuls les dommages présentant un certain caractère de gravité donnent accès à la procédure d'indemnisation. Ainsi l'article L. 1142-1-II du Code de la santé publique dispose qu' " *un accident médical, une affection iatrogène ou une infection nosocomiale ouvre droit à réparation du préjudice du patient au titre de la solidarité nationale, lorsqu'il sont directement imputables à des actes de prévention, de diagnostic ou de soins et qu'ils ont eu pour le patient des conséquences anormales au regard de son état de santé comme de l'évolution prévisible de celui-ci et présentant un caractère de gravité fixé par décret, apprécié au regard de la perte de capacités fonctionnelles et des conséquences sur la vie privée et professionnelles mesurées en tenant compte notamment du taux d'incapacité permanente ou de la durée de l'incapacité temporaire de travail* ". Par le décret du 4 avril 2003[24], la victime doit avoir un taux d'IPP d'au moins 24 %. Cette disposition est le reflet de la volonté du gouvernement de garantir l'efficacité du dispositif de l'ONIAM " *en ne l'encombrant pas d'une masse de dossiers d'accidents mineurs qui peuvent être traités par les voies de droit commun* ", et ce, malgré la désapprobation du Sénat[25]. Nous traiterons en premier la composition des CRCI (a) ainsi que leur fonctionnement (b) prévus aux articles L. 1142-6 et R. 795-41 et suivants du Code de la santé publique, les CRCI étant les éléments principaux de la procédure de règlement amiable, puis le financement de ces Commissions et de l'ONIAM (c).

a - Composition des CRCI

Chaque CRCI est présidée par un magistrat professionnel de l'ordre administratif ou judiciaire, en activité ou honoraire. Des Vice-présidents ou Présidents adjoints, magistrats professionnels eux aussi, peuvent l'assister. Cette assistance est apportée selon le nombre de dossiers à traiter par la Commission. Le Président et ses adjoints sont nommés soit par décret lorsqu'il sont détachés, soit par arrêté du Ministre de la Justice lorsqu'ils exercent leurs fonctions en vacation. Les

---

[24] Décret n ° 2003-314 du 4 avril 2003 relatif au caractère de gravité des accidents médicaux, des affections iatrogènes et des infections nosocomiales prévu à l'article L .1142-1 du Code de la santé publique, JO du 5 avril 2003, p. 06114

[25] Projet de loi n ° 3258, JOAN CR 11 sept. 2001, p 65

magistrats administratifs sont quant à eux nommés par décret du Vice-président du Conseil d'Etat[26] .
Chaque Commission est composée de 20 membres en plus du Président et de ses adjoints le cas échéant. Ces membres sont des représentants des usagers, des professionnels et des représentants des établissements de santé et des services de santé, des assureurs, des membres de l'ONIAM ainsi que des personnes qualifiées. Ils sont nommés par arrêté du Préfet de région pour une période de trois ans renouvelables. Les représentants des usagers sont au nombre de 6 titulaires et sont en général des membres d'association représentant les personnes malades et les usagers du système de santé. Les professionnels de santé sont divisés en deux catégories : les professionnels de santé libéraux et les praticiens hospitaliers. Les représentants des responsables des établissements publics et privés de santé dans la Commission sont au nombre de deux. L'ONIAM dispose de deux titulaires dans chaque Commission et les compagnies d'assurance de deux représentants sur proposition de la FFSA et du GEMA[27]. Les personnes qualifiées peuvent être des universitaires spécialisés dans le domaine de la santé, du droit médical, ou plus généralement du droit de la responsabilité en médecine, des magistrats honoraires, avocats ou médecins-experts ayant exercé leur activité professionnelle, des médecins-conseils ainsi que des représentants d'établissements publics tels que le CNESS, l'EFS ou l'ENSP[28].

---

[26] Art. R. 795-43 C. santé publ.

[27] FFSA : Fédération Française des Sociétés d'Assurances – GEMA : Groupement des Entreprises Mutuelles d'Assurance

[28] CNESS : Centre d'étude National d'Etudes de la Sécurité Sociale – EFS : Etablissement Français du Sang – ENSP – Ecole Nationale de la Santé Publique.

) - Fonctionnement des CRCI et de l'ONIAM

Le législateur français a tenu compte de certains principes présents dans les différentes expériences des pays européens et a retenu trois points clés dans l'instauration de la procédure de l'ONIAM : saisine directe et théoriquement " aisée " pour la victime, ses ayants droit ou son représentant légal, rapidité de la procédure et sa gratuité.

Les CRCI peuvent être directement saisies par toute personne s'estimant victime d'un accident médical (acte de soins, de diagnostic ou de prévention) ayant entraîné un dommage. La personne qui s'estime victime d'un accident thérapeutique, que celui-ci ait entraîné un dommage grave ou non, doit envoyer un dossier par lettre recommandée avec avis de réception à la CRCI de la région correspondant au lieu de l'intervention médicale.

Les dossiers sont disponibles sur Internet ou par simple demande auprès d'un des quatre pôles logistiques détaillés ci-après. Le patient doit ensuite informer le professionnel de santé, l'établissement de santé ou le producteur de produits de santé concernés par sa demande à l'aide d'un formulaire.

Les personnes pouvant faire appel aux CRCI sont : les victimes, les ayants droit d'une victime dans le cas où celle-ci est décédée et les représentants légaux d'une victime mineure ou incapable.

L'accent est ensuite porté sur la rapidité de la procédure. Les CRCI doivent rendre leur décision dans un délai de six mois à compter de la date de réception du dossier complet de demande. L'ONIAM, en cas d'aléa thérapeutique, ou bien l'assureur du praticien dont la responsabilité est engagée en cas de faute, disposent ensuite d'un délai de quatre mois pour faire une offre d'indemnisation à la victime. Un délai d'un mois court alors à partir de l'acceptation de cette offre pour le versement de l'indemnité. Tout ceci amène la durée totale de la procédure à moins de 11 mois. L'avantage supplémentaire pour les victimes dans le recours aux CRCI est la suspension du délai de prescription. En effet, passé le délai de prescription, aucun recours judiciaire n'est possible. La loi du 4 mars 2002, avec l'instauration de l'article L. 1142-7 alinéa 4 C. santé publ.[29], apporte ainsi une sécurité à la victime dans sa procédure d'indemnisation du préjudice en lui donnant une chance supplémentaire de ne pas être prise au piège des délais en droit administratif.

Enfin, cette procédure est gratuite pour la victime car les frais d'expertise sont pris en charge par l'ONIAM. Si l'expertise montre l'existence d'une faute, l'ONIAM a la possibilité de se retourner contre l'assureur du professionnel de santé pour le dédommagement des frais d'expertise. L'expertise est réalisée par un médecin-expert figurant sur une des listes instituées par l'article 2 de la loi n° 71-798 du 29 juin 1971 et inscrit sur une liste nationale établie par l'ONIAM et dans laquelle les experts médicaux sont classés selon leurs connaissances et leurs pratiques professionnelles par la Commission Nationale des accidents Médicaux (CNAM). Ces experts sont nommés pour 5 ans renouvelables. Ce système aurait pu constituer une amélioration de l'expertise médicale en ce que l'expert est désigné selon ses connaissances sur la spécialité requise dans le dossier. Mais les experts qui sont inscrits sur la liste de l'ONIAM sont ceux qui ont accepté de faire des expertises au moindre coût. En tenant compte des exigences économiques, cette

---

[29] Art. L. 1142-7 al.4 C. santé publ. : " *La saisine de la commission suspend les délais de prescription et de recours contentieux jusqu'au terme de la procédure prévue par le présent chapitre* ".

solution n'apparaît pas comme un règlement global du problème des expertises en contentieux. L'expert doit rendre son rapport dans un délai de 6 mois sur les circonstances, les causes, la nature, l'étendue des dommages ainsi que l'existence ou non d'une faute qui mettrait alors en cause la responsabilité du médecin ou de l'établissement de santé. L'expertise est contradictoire comme dans la procédure judiciaire, la partie mise en cause, médecin ou établissement de santé, a tout droit de faire valoir ses arguments assistée, en règle générale, par des avocats mandatés par leur Compagnie d'Assurance. Il est donc fortement conseillé à la victime, ses ayants droit ou son représentant légal de se faire eux aussi assister par un conseil. Ceci crée une limite dans le principe affiché de la gratuité du recours à l'ONIAM. Ce dispositif n'est toutefois pas contentieux et ne remplace donc pas la procédure devant une juridiction civile ou administrative que les victimes peuvent engager à tout moment, à condition, bien sûr, d'en informer la CRCI qu'elle a initialement saisie. Enfin, le règlement amiable qui peut conclure une telle procédure vaut transaction[30] et implique donc, pour la victime, ses ayants droit ou son représentant légal, la renonciation à tous droits et actions relatifs au préjudice.

Les CRCI ont deux missions : la mise en place de la procédure de règlement amiable et la conciliation des parties. Les CRCI siègent ainsi en deux formations. Avant toute décision, une expertise est diligentée.
Lorsque le dommage ne relève pas du champ d'application de l'article L. 1142-1-II alinéa 1 du Code de la santé publique (taux d'IPP inférieur à 24 %), les CRCI se déclarent

[30] Art. 2044 du Code Civil

incompétentes et la victime peut alors les saisir d'une demande de conciliation[31]. Cette procédure continue de suspendre les délais de prescription et de recours contentieux.

Pour un traitement plus rapide des dossiers, la loi prévoit une CRCI dans chaque région administrative (art. L.1142-5 du C. santé publ.). Les Commissions siègent en principe dans les villes de Préfectures de Région. Ainsi, les régions Ile-de-France, PACA, Rhône-Alpes et Nord-Pas-de-Calais sont susceptibles de regrouper plus de la moitié des dossiers d'indemnisation. Pour accélérer la procédure d'indemnisation prévue par la loi du 4 mars 2002, ces Commissions ont été mises en place dès la fin décembre 2002. Les autres Commissions Régionales – Aquitaine, Bretagne – sont créées au fur et à mesure de la mise en place du dispositif de l'ONIAM et devaient, selon le gouvernement, être effectives à la fin du premier trimestre 2003. Or, le 5 juin 2003, date à laquelle l'ONIAM a enregistré les premiers dossiers d'indemnisation, seules les Commissions des régions Ile-de-France, PACA, Rhône-Alpes et Nord-Pas-de-Calais et Aquitaine fonctionnent.
Cependant, l'arrêté qui fixe le fonctionnement des CRCI a été publié assez tardivement, car les quatre premières Commissions régionales d'indemnisation sont déjà censées être opérationnelles à cette date. Cet arrêté a notamment fixé le seuil de gravité des dommages ouvrant droit à indemnisation qui, selon Dominique MARTIN, Directeur de l'ONIAM, “ *constituait le facteur bloquant pour la mise en place effective des Commissions* ”. Ce texte n'a cependant été effectif que le 5 avril 2003 avec sa publication au Journal Officiel. De plus, les Commissions mises en place trai-

---

[31] Art. R. 790-55 et s. C. santé publ.

tent généralement les dossiers concernant les affections iatrogènes et les infections nosocomiales. Les textes précisant le mode de mise en place de la Commission Nationale des Accidents Médicaux (CNAM) sont toujours en attente. Les CRCI existantes ont aujourd'hui en attente plus de 2.000 dossiers et une progression de leur nombre est à prévoir pour cet été car " plus rien n'empêche le bon déroulement de la procédure ", toujours selon Dominique MARTIN, Directeur de l'ONIAM.

c - Financement des CRCI et de l'ONIAM

Les CRCI ne sont pas dotées de la personnalité morale. Les frais de fonctionnement sont à la charge de l'ONIAM qui met à leur disposition les moyens financiers et le personnel administratif[32]. Afin d'optimiser les coûts, les différentes Commissions sont réunies en quatre lieux géographiques, appelés pôles logistiques : Bagnolet pour les régions Ile-de-France et Nord-Pas-de-Calais, Lyon pour les régions Rhône-Alpes, PACA et Languedoc-Roussillon, Bordeaux pour les régions du Grand Ouest et Nancy pour le Grand Est.

Les recettes de l'ONIAM, définies par l'article L. 1142-23 du Code de la santé publique, sont constituées :

- d'une dotation globale versée dans les conditions prévues à l'article L. 174-2 du Code de la Sécurité Sociale et dont le montant est fixé chaque année par la loi de financement de la Sécurité Sociale;

[32] Art. L. 1122-6 C. santé publ.

- du produit des remboursements des frais d'expertise prévus aux article L. 1142-14 et L. 1142-15 C. santé publ.;
- du produit des pénalités prévues aux mêmes articles ;
- du produit des recours subrogatoires mentionnés aux articles L. 1142-15 et L. 1142-17 C. santé publ.

A l'origine, la dotation globale versée par l'assurance maladie est décomposée, selon la loi du 4 mars 2002, de douze allocations mensuelles. Ce mode de financement est fort mal approprié au fonctionnement de l'ONIAM étant donné que les réparations ne peuvent être réparties proportionnellement sur toute une année. Ainsi, la loi du 30 décembre 2002 prévoit une modulation des versements définie dans une convention passée entre les différents organismes d'assurance maladie et l'ONIAM. De plus, et toujours selon cette même loi, une dotation supplémentaire est allouée à l'ONIAM par l'Etat pour l'indemnisation des dommages imputables à une vaccination obligatoire. Au 30 décembre 2002, l'ONIAM a donc à sa disposition les moyens financiers pour mener à bien sa mission. Le financement de l'ONIAM est défini à l'article 3 de la loi de financement de la sécurité sociale pour l'année 2003. Le budget accordé pour l'année 2003 s'élève à 70 millions d'euros.

L'évolution du contentieux en responsabilité médicale vers *une meilleure indemnisation des victimes a des conséquences* remarquables sur la responsabilité du médecin et de l'établissement de santé. Ceci est principalement la cause de la dépendance du droit à réparation et du droit de la responsabilité. Un Tribunal ne peut allouer des indemnités à la victime d'un accident thérapeutique sans mettre en cause la responsabilité du médecin ou de l'établissement de santé.

B - Responsabilité du médecin et appréciation de la faute

Dans la procédure d'indemnisation des victimes d'accidents thérapeutiques, la décision du juge, appréciant la responsabilité du médecin, s'appuie le plus souvent sur l'existence d'une faute, sauf cas particulier des affections iatrogènes et des infections nosocomiales. Dans un souci d'amélioration de l'indemnisation des victimes, les juges peuvent utiliser des " techniques " juridiques qui ont pour conséquence d'élargir le champ de la responsabilité médicale. L'arrêt " Perruche " marque, en ce sens, une avancée que certains jugent extrême et mal à propos, d'ailleurs censurée par la loi du 4 mars 2002 (1). Toutefois, il ne faut pas faire un principe d'un cas isolé de jurisprudence. La jurisprudence récente n'abonde pas dans le sens de l'arrêt " Perruche ". Certes, les juges ont alourdi la responsabilité des professionnels de santé en matière de sécurité et d'information mais sans pour autant instaurer un " guet-apens juridique " pour l'activité médicale (2).

1- La controverse de l'arrêt Perruche et sa remise en cause par la loi du 4 mars 2002

Le 17 novembre 2000, la Cour de Cassation, réunie en Assemblée Plénière, rend un arrêt dit " Perruche "[33] par lequel elle confirme sa jurisprudence concernant la " vie préjudi-

[33] Cass. Ass. Plén., 17 nov. 2000, M. Perruche c/ Mutuelle d'assurance du corps sanitaire ; JCP G 2000, II, 10438

ciable ", thème très controversé tiré de l'anglais " *wrongful life* ". Cet arrêt a suscité de nombreux commentaires qui, dans leur grande majorité, ont condamné cet arrêt pour deux raisons principales. La première est d'ordre éthique. L'interprétation la plus souvent tirée de l'arrêt " Perruche " est qu'il vaut mieux ne pas naître que de naître avec un handicap. La deuxième est d'ordre juridique et porte sur la question du lien de causalité. Les Juges de la Haute Juridiction auraient, semble-t-il, contourné la question du lien de causalité – un des éléments essentiels à l'application des articles 1147 et 1382 du Code civil – qui lie la faute au préjudice subi par la victime et qui permet d'aboutir à une indemnisation. L'arrêt " Perruche " s'est alors trouvé au centre d'une forte controverse nationale : faut-il indemniser des enfants, nés handicapés suite à une faute du praticien dans le suivi de la mère, en " assouplissant " une règle de droit très stricte qui leur permet alors de vivre décemment ou laisser à la solidarité nationale le rôle de prendre en charge les frais afférents aux soins et à l'éducation de l'enfant né handicapé ? On a vu les médecins, les assureurs et les familles d'enfants nés handicapés faire front, ensemble, contre cet arrêt " Perruche ", pourtant confirmé dans des décisions ultérieures de la Haute Juridiction. Les contestations de ces différents groupes sont cependant bien différentes. Les médecins s'insurgent contre une surenchère de leur responsabilité professionnelle appuyant leur argumentation sur le fait que l'erreur de diagnostic n'est pas la cause du handicap de l'enfant ; les assureurs craignent une forte augmentation de leurs sinistres en responsabilité médicale ; les familles d'enfants nés handicapés condamnent, elles, la négation par les juges du principe de la dignité humaine sis à l'article 16 du Code civil. Toutes ces contestations ont certainement un fondement – éthique, juridique ou économique – justifié.

Mais il ne faut cependant pas oublier que cette jurisprudence a été confirmée par les Juges de la Cour de Cassation qui ont certes pour objectif principal de juger le droit, mais qui ont aussi la charge d'interpréter les textes de loi, parfois imprécis et opaques, pour alors rendre une décision qui soit la plus juste pour la partie lésée dans un contentieux. L'arrêt " Perruche " ne peut donc pas être une simple " fantaisie " des Juges de la Haute Juridiction et il serait bon d'exposer les conditions dans lesquelles cette jurisprudence a été instaurée et ses apports dans l'indemnisation des victimes de ce type d'accidents thérapeutiques qui constitue très certainement une prise de conscience sur la prise en charge par notre société des personnes – et en particulier des enfants – handicapées (i). En revanche, la remise en cause de la jurisprudence " Perruche " par la loi du 4 mars 2002 nécessite de faire un point sur le traitement par les juges de la faute du médecin, nécessaire à l'indemnisation des victimes, qui a suscité tant de contestations et qui a amené le législateur a prendre position dans l'urgence (ii).

i - Prise de conscience ou paroxysme de l'indemnisation

a - L'indemnisation préférée à la juste évaluation de la faute du médecin

(i) Rappel des faits et de la procédure

L'arrêt " Perruche ", rendu le 17 novembre 2000[34], est l'aboutissement d'une procédure très longue dont les faits méritent d'être mentionnés pour une bonne compréhension de la décision des Juges de la Cour de Cassation.
En 1982, Madame Perruche présente des symptômes s'apparentant à ceux de la rubéole. Comme Madame Perruche pense être enceinte et connaissant les conséquences de la rubéole sur le fœtus, elle demande à son médecin de faire procéder à des analyses sanguines, ce qui est fait à deux reprises. La rubéole de Madame Perruche n'est pas détectée par ces deux tests, elle est donc considérée comme immunisée contre la maladie et elle continue normalement sa grossesse. Le 13 janvier 1983, quelques mois après sa naissance, l'enfant Nicolas présente de graves troubles neurologiques et visuels, une surdité et des problèmes cardiaques, symptômes caractéristiques du syndrome de Gregg, dont la cause est attribuée par expertise à la rubéole non détectée.
La famille Perruche entame donc une procédure visant à engager la responsabilité du médecin et du laboratoire de biologie médicale. En date du 13 janvier 1992, le Tribunal

[34] Cf. Annexes

de Grande Instance d'Evry reconnaît la responsabilité du médecin et du laboratoire, qui avaient présenté l'analyse du premier prélèvement comme positive alors qu'elle était en réalité négative[35], et condamne le médecin et le laboratoire *in solidum* avec leur assureur respectif au versement d'une provision de 500.000 francs à valoir sur le préjudice corporel de Nicolas Perruche ainsi que 1.851.128 francs à la CPAM de l'Yonne au titre des prestations versées. Le médecin interjette alors appel de ce jugement considérant que seul le laboratoire est responsable de l'erreur. Par un arrêt du 17 décembre 1993, la Cour d'Appel de Paris, 1ère Chambre, Section B, confirme l'existence d'une faute du médecin " *dans l'exécution de son obligation contractuelle de moyens* " ainsi que le préjudice des parents qu'il convient de réparer mais conteste le préjudice de l'enfant : " *Le préjudice de l'enfant Nicolas Perruche n'est pas en relation de causalité avec les fautes commises. [...] Les séquelles dont il est atteint ont pour seule cause la rubéole qui lui a été transmise in utero par la mère* ". Les sommes versées par provision en exécution du jugement doivent donc être remboursées. Monsieur et Madame Perruche forment alors un premier pourvoi en cassation sur le premier moyen, reprochant à la cour d'Appel de Paris d'avoir exclu tout lien de causalité entre le préjudice de leur enfant et les fautes " *alors que, dès lors qu'il résulte des constations de l'arrêt que, alors que les parents avaient marqué leur volonté en cas de rubéole de recourir à un avortement, la faute de diagnostic du médecin et d'analyse du laboratoire avait faussement induit les parents dans la croyance que la mère était*

[35] Deux cas sont possibles : si la première analyse est négative et la seconde positive, cela signifie qu'un risque majeur est encouru par le fœtus ; si les deux analyses sont positives, cela est significatif de traces d'une ancienne rubéole, sans risque pour le fœtus.

immunisée contre la rubéole, il en résultait qu'il existait un lien de causalité entre les fautes du médecin et du laboratoire et la perte de chance pour l'enfant d'éviter de supporter les conséquences de la rubéole contractée par la même en début de grossesse, si bien que la Cour d'Appel n'a pas justifié légalement sa décision au regard de l'article 1147 du Code civil ". La Haute Juridiction, dans un arrêt du 26 mars 1996[36], retient ce premier moyen et casse la décision prise à l'égard de l'enfant en ce que : " *Attendu qu'en statuant ainsi, alors qu'il était constaté que les parents avaient marqué leur volonté, en cas de rubéole, de provoquer une interruption de grossesse et que les fautes commises les avaient faussement induits dans la croyance que la mère était immunisée, en sorte que ces fautes étaient génératrices du dommage subi par l'enfant du fait de la rubéole de sa mère, la Cour d'Appel a violé les textes susvisés* ". La Cour d'Appel d'Orléans, statuant comme cour de renvoi, par un arrêt dit de " rébellion " – car il contredit l'arrêt de la Cour de Cassation – en date du 5 février 1999[37], refuse d'indemniser l'enfant, dans la mesure où celui-ci " *ne subit pas de préjudice indemnisable en relation de causalité avec les fautes commises par le laboratoire de biologie médicale et le docteur PONNOUSSAMY* " et ajoute qu'aucun être humain ne peut se prévaloir du droit " *de naître ou de ne pas naître, de vivre ou de ne pas vivre* ". Les époux Perruche se pourvoient à nouveau en cassation le 14 avril 1999. Le 17 novembre 2000, la Cour de Cassation, réunie en Assemblée Plénière, casse l'arrêt de la Cour d'Appel d'Orléans et renvoie l'affaire devant la Cour d'Appel de Paris pour fixer le montant des indemnisations. Par un arrêt du 11 décembre

---

[36] Cass. 1ère civ., 26 mars 1996 : RTD civ. 1996, n° 2, p. 623
[37] CA Orléans, 5 févr. 1999 : RTD civ. 2000, p. 80, obs. J. Hauser

2002[38], la Cour d'Appel de Paris condamne, entre autres, le médecin et le laboratoire *in solidum* avec leur assureur respectif à payer la somme de 500.000 francs ainsi que les intérêts de la somme allouée à titre de provision au taux légal, hormis les périodes où cette somme a été versée aux consorts Perruche.

(ii) Apports de l'arrêt

" *Le seul positionnement acceptable quand on s'interroge sur la valeur ou la dignité d'une vie avec un handicap consiste d'abord à donner les moyens pour que cette vie ait valeur et dignité. Et à réfléchir ensuite, aux situations ne pouvant être résolues par des moyens humains et financiers. On ne peut prétendre que des progrès sociaux suffisants résoudraient toutes les situations, mais inverser l'ordre des priorités (solution médicale/sociale) revient à pérenniser un cercle vicieux fondé sur la facilité technique (diagnostic et élimination médicale)* ".
Michel DELCEY, Questions éthiques posées par l'Arrêt Perruche, La lettre de l'espace éthique, HS n° 3.

L'arrêt Perruche pose un problème important : les Juges de la Haute Juridiction ont semble-t-il préféré trouver un moyen détourné d'indemniser l'enfant Perruche et ainsi lui permettre de vivre un quotidien plus décent, que de juger justement la faute du médecin et du laboratoire. La responsabilité du médecin n'est donc plus engagée pour une faute prouvée ou présumée ayant causé un préjudice qui doit être

[38] CA Paris, 11 déc. 2002, arrêt Perruche ; Jurisdata N° 193727

réparé mais pour combler les lacunes d'un système de prise en charge des victimes. Le médecin et son assureur doivent alors endosser le rôle de la " solidarité nationale ".
Face aux lacunes de notre société dans la prise en charge des personnes handicapées, les Juges de la Cour de Cassation n'ont donc pas voulu se limiter à l'interprétation stricte des lois mais ont choisi de sortir du carcan juridique pour traiter un véritable problème de société. Cette tâche est-elle la leur ? Certains juristes pourront soutenir la négative, mais les juges ne sont-ils pas les détenteurs de la justice et de ce fait, les garants de la protection des plus faibles? La cause est noble et tout à fait justifiée en ce qui concerne les grands handicapés dans notre société. L'ouverture d'esprit actuelle du monde juridique vers la situation économique et politique de notre société est une évolution certes bénéfique mais la méthode n'est peut-être pas la meilleure. En effet, lorsque les lois deviennent obsolètes ou insuffisantes et que le législateur n'a pas encore légiféré, il semble logique que les juges amorcent un changement, même par des moyens qui forcent la limite des règles établies, et appellent ainsi le législateur à prendre position. C'est ce que les Juges de la Cour de Cassation ont fait dans l'affaire " Perruche ".
L'apport le plus important dans cette jurisprudence est l'indemnisation directe de l'enfant. En effet, dans de tels cas, la règle veut que seuls les parents soient indemnisés (préjudice moral). Or, même si les parents subissent un réel préjudice qui est à juste titre réparé, c'est bien l'enfant qui a besoin de soins et d'une éducation adaptée. Un enfant – et à plus juste titre un enfant handicapé suite à un accident thérapeutique – est sous la tutelle de ses parents. Dans le cas d'une indemnisation des parents, les sommes leur sont donc allouées, certes pour l'entretien et l'éducation de l'enfant, mais rien ne les empêche de disposer de cet argent à leur guise. Hypothèse

immorale, certes, mais envisageable. Imaginons des parents qui obtiennent une indemnité pour la naissance d'un enfant ayant subi un traumatisme in utero et qui reste handicapé. Les parents peuvent alors tout à fait percevoir l'indemnité, supporter la charge de l'enfant pendant quelques mois, ou quelques années (soyons charitables) et ensuite abandonner l'enfant à l'assistance publique. Or, dans le cas d'une indemnisation directe de l'enfant, les parents restent tuteurs de ce dernier, mais l'utilisation des sommes allouées peut être surveillée. Un tel raisonnement a cependant une conséquence néfaste sur la responsabilité du médecin. Ce dernier voit en effet sa responsabilité s'étendre par ricochets alors qu'elle ne peut être juridiquement établie vis-à-vis de l'enfant.

b - La question du lien de causalité

Dans les dossiers d'indemnisation des victimes d'accidents thérapeutiques, la base légale sur laquelle repose l'argument d'indemnisation de la partie demanderesse est soit l'article 1147 du Code civil (responsabilité contractuelle), soit sur l'article 1382 (responsabilité du fait de la personne), soit, selon les cas, sur l'article 1384 (responsabilité du fait de la chose), les deux derniers articles étant applicables lorsque aucun contrat n'existe entre le patient et le médecin (urgences, remplacement d'un praticien sans avertir le patient). Le mécanisme juridique induit une faute du médecin, un préjudice pour la victime et un lien de causalité entre la faute commise et le préjudice subi.
En l'espèce, dans l'affaire “ Perruche ”, la faute du médecin retenue par la Cour de Cassation réside dans son incapacité

à diagnostiquer la rubéole de la mère à l'origine du handicap de l'enfant et le préjudice est clairement constitué par le handicap dont souffre Nicolas Perruche. En revanche, qu'en est-il du lien de causalité ? Les juges ont retenu comme lien de causalité que le préjudice de l'enfant se matérialisait par le fait de sa naissance et qu'il résultait de la faute du médecin de n'avoir pas annoncé le handicap aux parents. Les juges ont ainsi reconnu un " *préjudice du fait d'être né* ", ce qui a soulevé de nombreuses critiques.

La question du traitement du lien de causalité ne se pose pas seulement dans l'affaire " Perruche " mais dans de nombreux autres dossiers. Pour contourner la preuve de l'existence d'un lien de causalité entre la faute du médecin ou de l'établissement de santé, la Haute Juridiction a tenté de remettre en cause ce lien de causalité. Pour ce faire, les deux principaux moyens retenus par les juges sont les présomptions suffisamment graves, précises et concordantes ainsi que la notion de perte de chance.

Les présomptions correspondent à des " *conséquences que la loi ou le magistrat tire d'un fait connu à un fait inconnu* "[39]. L'article 1353 du Code civil apporte une précision à cette définition en considérant les présomptions comme un ensemble de faits, circonstances ou éléments " *graves, précis et concordants* ", laissés à l'appréciation du juge. Celui-ci déduit directement la faute de l'existence et des caractéristiques du dommage, anormalement grave ne pouvant être que la résultante d'un acte fautif, l'anormalité du dommage faisant présumer la faute. La démonstration du lien de causalité ne part plus de la faute pour arriver au dommage, mais effectue le cheminement inverse, ce qui facilité sa mise en évidence. Le premier arrêt de la Cour de Cassation

[39] art. 1349 C. civ.

utilisant cette méthode date du 14 décembre 1965[40]. A la suite de la mauvaise chute d'un enfant, le médecin procède à une réduction de l'humérus droit sur le diagnostic d'une fracture de l'extrémité inférieure de cet os. La gêne de l'enfant persistant, d'autres médecins l'examinent et décèlent une luxation du coude et non une fracture de l'humérus. La Cour d'Appel de Paris retient, dans un arrêt du 7 juillet 1964, qu'il " *existe des présomptions suffisamment graves, précises et concordantes pour admettre que l'invalidité dont est [...] atteint [l'enfant], est la conséquence directe de la faute retenue à l'encontre de l'intimée* ". La Cour de Cassation, sur pourvoi du médecin, confirme l'arrêt de la Cour d'Appel de Paris. Cette décision, suivies d'autres, concernant notamment les infections nosocomiales, permet d'ouvrir la voie au principe d'une non exigence de faute prouvée en matière médicale, ce qui correspond à un début d'évolution vers l'obligation de résultat. Le Conseil d'Etat a lui aussi recours depuis longtemps à la présomption de faute en matière de responsabilité médicale lors de la survenance d'un dommage anormal qui, selon la jurisprudence administrative, révèle une faute dans l'organisation et le fonctionnement du service public de soins médicaux. L'arrêt " BIANCHI " du Conseil d'Etat du 9 avril 1993 implique ainsi que " *même si aucune faute ne peut être relevée, lorsqu'un acte médical nécessaire au diagnostic ou au traitement du malade présente un risque dont l'existence est connue mais dont la réalisation est exceptionnelle, et dont aucune raison ne permet de penser que le patient y soit particulièrement exposé, la responsabilité d'un Service Public hospitalier est engagée si l'exécution de cet acte est la cause directe de dommage sans rapport comme avec l'évo-*

[40] Cass., civ.1, 14 déc.1965

lution prévisible de cet état, et présentant un caractère d'une extrême gravité ". La jurisprudence administrative, par cet arrêt, s'est détachée de son principe de " faute lourde " pour laisser la place à la présomption de faute, ce qui est une évolution conséquente dans la responsabilité du médecin en milieu hospitalier public. La " technique " de la " faute virtuelle " (ou " faute incluse ") est également utilisée par les juges. Elle permet de faciliter la procédure en indemnisation de la victime sans lui laisser la charge de la preuve directe d'un comportement fautif du médecin. Cela constitue un " allégement " de l'exigence de faute. L'indemnisation du préjudice subi par la victime conduit ainsi à l'indemnisation du risque ou aléa, phénomène que René SAVATIER pressentait déjà en 1950[41].

La perte de chance est également un contournement des règles de la responsabilité médicale. Elle est couramment admise par la jurisprudence afin d'ouvrir droit à réparation. Plusieurs arrêts montrent que cette notion permet de déplacer, au profit de la victime, l'objet du lien de causalité et donc de faciliter sa preuve. La victime doit alors uniquement établir que la faute du médecin la prive d'une chance de guérir, d'éviter des séquelles, voire de rester en vie. Le lien de causalité se place entre la faute constatée et la chance perdue et non le dommage physiologique résultant. Or, il est plus facile de démontrer qu'une faute est la cause d'une perte de chance que d'un dommage précis dont l'origine n'est pas évidente.

---

[41] SAVATIER René, Traité de la responsabilité civile en droit français, (1950), 2ème édition, tome I)

Les jurisprudences civiles et administratives sur la responsabilité médicale ont connu une évolution afin de permettre une meilleure indemnisation des victimes. L'arrêt " Perruche " est considéré à ce titre comme un paroxysme de l'indemnisation des victimes, mais sa justification, reposant sur des éléments dérogeant aux règles classiques du droit, les juges en ont alors appelé au législateur pour légiférer sur ce sujet.

ii - Titre I de la loi du 4 mars 2002 : une loi " anti-Perruche "

Dans l'attente d'une loi allant dans le sens de la jurisprudence, les juges se sont retrouvés face à de nombreux refus du législateur, ce qui a notamment conduit à rebaptiser la loi du 4 mars 2002 de loi " anti-Perruche ". Cette loi a eu pour effet de trancher un débat sur lequel la Cour de Cassation et le Conseil d'Etat ne partageaient pas le même avis.

" *Nul ne peut se prévaloir d'un préjudice du seul fait de sa naissance. La personne née avec un handicap dû à une faute médicale peut obtenir la réparation de son préjudice lorsque l'acte fautif a provoqué directement le handicap ou l'a accentué, ou n'a pas permis de prendre des mesures susceptibles de l'atténuer* "[42].
Le titre I de la loi du 4 mars 2002 est une réponse directe à l'arrêt " Perruche " ainsi qu'à ceux où la cour de Cassation consacre le droit autonome d'un enfant né handicapé à de-

---

[42]TITRE I, Article 1er de la loi n° 2002-303 du 4 mars 2002

mander la réparation de son préjudice si ce dernier présente un lien de causalité direct avec les fautes commises par le médecin dans l'exécution du contrat formé avec sa mère et qui ont empêché celle-ci d'exercer son choix de recourir à une IVG. Cependant, ce premier titre paraît excessif dans sa rédaction car la responsabilité du médecin n'est pas automatiquement engagée lors de la naissance d'un enfant handicapé ; elle ne s'applique que sur le fondement d'une faute avérée. De plus, dans ces arrêts, l'indemnisation de l'enfant suppose que les conditions médicales prévues à l'article L. 2213-1 du Code de santé publique soient réunies, c'est-à-dire que l'enfant présentait in utero une forte probabilité de présenter une affection d'une particulière gravité reconnue incurable au moment du diagnostic. En cas d'une absence de faute avérée, la Cour de Cassation n'indemnise que le préjudice de parents à l'exclusion de la prise en charge des dépenses liées à l'entretien et l'éducation de l'enfant.

La controverse de l'arrêt “ Perruche ” et les limites juridiques évoquées ne doivent pas faire croire que les juges ont un comportement “ frivole ” envers les textes de loi.

2- La jurisprudence récente

Pour exemple, à l'époque de l'arrêt " Perruche ", trois arrêts[43] ont été rendus par la Cour de Cassation qui ne mettent pas en cause la responsabilité du médecin, en l'occurrence l'échographiste. Ceci montre bien que les juges font, en général, une interprétation stricte des textes de loi.

i - Interprétation stricte des textes de loi

L'interprétation de la loi par les juges de la Cour de Cassation peut être illustrée par les trois arrêts rendus le 13 juillet 2001 dans lesquels elle précise sa jurisprudence " Perruche ". Ces arrêts tendent à limiter la recevabilité de l'enfant né handicapé à recevoir une indemnisation au titre de son préjudice. Ils subordonnent la recevabilité de la requête de l'enfant à la preuve que les conditions d'un avortement thérapeutique sont remplies[44]. Dans les arrêts cités, la Cour de Cassation reconnaît qu'une intervention du médecin n'aurait pas modifié le handicap de l'enfant et qu'elle n'a de toute manière pas créé le handicap de l'enfant. Ainsi, elle confirme la décision des juges du fond qui ont rejeté la demande en réparation des enfants handicapés pour l'absence de lien de causalité et qui n'ont réparé que le préjudice lié à la perte de chance subi par les parents.

---

[43] Cass. Ass. Plén., 13 juil. 2001, 98-19190, Publié au Bulletin ; Cass, Ass. Plén., 13 juil. 2001, 97-17359, Publié au bulletin ; Cass. Ass. Plén., 13 juil. 2001, 97-19282, Publié au Bulletin

[44] art. L. 2213-1 C. santé publ.

Le contrat tacite formé entre le médecin et son patient, selon l'arrêt Mercier du 20 mai 1936 de la Cour de Cassation[45], comporte pour le médecin une obligation de moyens. Cette solution de principe, retenue dans la plupart des décisions de justice, a toutefois une exception. Dans certains domaines médicaux, les juges imposent une obligation de résultat au médecin, quant à l'utilisation du matériel ou du fait de remèdes ou de prothèses. Cette obligation ,qui ne concerne, en général, que des domaines médicaux bien précis (chirurgie esthétique, par exemple) (ii), a tendance à s'étendre plus largement afin d'obtenir une meilleure indemnisation des dommages, et ce, jusqu'à la limite de l'indemnisation de l'aléa thérapeutique. Ainsi, le médecin se voit imposer une obligation de sécurité de résultat ainsi qu'une obligation de moyens renforcée pour l'information à livrer au patient.

ii - Les obligations de résultat admises et les obligations de moyens renforcées

L'obligation de résultat est celle par laquelle le débiteur, le médecin, promet au créancier, le patient, un résultat déterminé *per fas et nes fas*. Le contenu de cette obligation est le résultat même de l'activité médicale. Le patient n'accepte alors pas qu'un doute existe sur la certitude du résultat que le médecin doit atteindre. Ainsi, par exception à l'arrêt Mercier, le médecin peut se voir débiteur d'une obligation de résultat, notamment pour la sécurité et l'information du patient.

---

[45] Cass. 20 mai 1936, D. 1936, p. 88 à 96, note signée E.P., rapport Josserand et conclusions Matter

D'un point de vue général, l'obligation peut aussi être créée à partir de la volonté des parties. C'est le cas de la chirurgie esthétique car lorsqu'un médecin promet que son intervention aura un résultat déterminé, il contracte une obligation de résultat. Cette obligation est justifiée par l'activité même de la chirurgie esthétique contrairement à la chirurgie réparatrice et reconstructrice car elle n'est justifiée par aucune raison médicale. Ce principe est repris par les juridictions du fond, notamment dans l'arrêt de la Cour d'Appel de Colmar du 23 mars 1988 qui précise : " *le chirurgien est tenu d'une obligation de résultat lorsque de patient lui demande d'intervenir en dehors de tout contexte thérapeutique à des fins exclusivement esthétiques. D'autre part, le chirurgien qui ne s'assure pas préalablement à l'intervention de la réalité d'un trouble pathologique et de la nécessité d'une intervention chirurgicale a nécessairement à l'égard de son patient une obligation de résultat lié à tout acte de chirurgie esthétique* ". Cependant, certains théoriciens refusent cette obligation de résultat mise à la charge du chirurgien esthétique considérant que toute intervention sur le corps humain implique un aléa. Les auteurs préfèrent alors parler d'obligation de moyens renforcée, c'est-à-dire une obligation de moyens qui est appréciée beaucoup plus strictement par les juges que celle du chirurgien traditionnel.

a - Obligation de sécurité

En 1997, plusieurs arrêts ont marqué l'évolution de la nature de l'obligation du médecin et plus particulièrement son obligation de sécurité. Le premier est l'arrêt " Franchot " rendu le 7 janvier 1997 par la Première Chambre Civile de la Cour de Cassation[46] qui a laissé une impression de perplexité dans l'appréciation de l'obligation de sécurité du médecin. La Haute Juridiction a privilégié, dans ce dossier, l'obligation de résultat par rapport à l'obligation de moyens du médecin. Monsieur Franchot, souffrant d'une gêne au bras gauche, subit une intervention chirurgicale destinée à le débarrasser d'une compression des éléments vasculo-nerveux dans le défilé thoracobrachial. Lors de l'intervention, le chirurgien en sectionnant une côte, sectionne aussi avec un costotome l'artère sous-clavière gauche qui est au contact de cette côte. Cet acte entraîne une hémorragie qui conduit au décès du patient. Le Tribunal de Grande Instance d'Evry, condamne le chirurgien à indemniser l'ayant droit de la victime pour avoir commis une maladresse fautive alors même que les experts, dans leur rapport, avaient conclu que l'intervention s'était déroulée selon les règles de l'art et que le décès avait pour cause une complication exceptionnelle. Cette décision est réformée par la Cour d'Appel de Paris le 30 juin 1994, estimant que " *bien qu'elle ait constaté qu'au cours de l'intervention le docteur Y... avait bien blessé cette artère sous-clavière et que l'hémorragie en résultant avait provoqué le décès de Monsieur Franchot, a énoncé que Monsieur Y... n'avait pas commis de maladresses fautives ou admissibles, et que le décès de Monsieur Franchot en suite de cette blessure, avait pour cause une complication exceptionnelle et... donc non prévisible* ". L'épouse du défunt forme alors un pourvoi en cassation.

---

[46] Cass. 1ère civ., Mme Franchot c. Marie et Société Clinique de Massy, 7 janv. 1997, Les Petites Affiches n° 58 du 14 mai 1997 p. 25/28

Le 7 janvier 1997, la Première Chambre Civile de la Cour de Cassation affirme qu'en écartant la responsabilité alors qu'il résulte de ses propres constations que la blessure de l'artère sous-clavière gauche avait été " le fait du chirurgien ", la Cour d'Appel de Paris a violé les articles 1135 et 1147 du Code civil. Monsieur le Président GUIGUE a ainsi affirmé, lors d'un commentaire de cet arrêt, que la cour de Cassation avait opéré un revirement de jurisprudence en affirmant l'avènement d'une obligation de résultat " *circonscrite dans un contexte particulier* ". D'autres auteurs ont quant à eux tenu à nuancer ce commentaire, dont Monsieur SARGOS qui souligne que " *cet arrêt n'introduit pas une obligation de résultat et qu'il reste dans le champ de l'obligation de moyens du chirurgien et d'une façon générale de tous les praticiens qui sont amenés à pratiquer une incision ou une perforation du corps humain en ce qu'il est tenu à l'exactitude de son geste. Ainsi, il ne doit pas léser un organe, un tissu, un os, une artère ou une veine autres que ceux visés par l'intervention, ou ceux qu'il est nécessaire de toucher pour réaliser l'opération* ". *Dans le cas de la survenance d'un tel fait, " la responsabilité est engagée, sauf si le médecin prouve une anomalie ou une fragilité particulière de son patient, indécelable par un examen* ".
La situation du médecin anesthésiste implique l'obligation de résultat de ne pas se servir d'un instrument vicieux créant un danger pour le patient, son co-contractant. Le même principe est appliqué au chirurgien-dentiste, rappelé par l'arrêt du 9 octobre 1953, car ce dernier est bien entendu uniquement tenu d'une obligation de moyens quant aux soins qu'il prodigue, mais en tant que fournisseur de la prothèse, il est tenu d'une obligation de résultat qui l'oblige à livrer un appareil sans défaut.

b - Obligation d'information

Malgré de profondes modifications de l'obligation d'information, ce principe est depuis longtemps affirmé par la jurisprudence. Il est la conséquence directe du respect de la dignité de la personne humaine, selon lequel, sauf dans le cas d'une urgence, le médecin est tenu d'informer son patient de toutes les conséquences de l'intervention ou la prescription médicale afin que ce dernier puisse comparer les risques encourus et les avantages escomptés[47]. Cette information doit ainsi être " *loyale, claire et appropriée* ". Bien que l'obligation d'information reste une obligation de moyens du médecin, elle a été considérablement étendue pour permettre d'améliorer la situation des victimes.

La Cour de Cassation, en 1998, a considéré que le médecin doit désormais fournir à son patient une information sur tous les risques graves, mêmes exceptionnels susceptibles de se réaliser à la suite de l'intervention ou du traitement thérapeutique (Réf.), alors que seul le chirurgien esthétique était alors tenu de cette obligation. Ainsi, " *hormis les cas d'urgence, d'impossibilité ou de refus du patient d'être informé, un médecin est tenu de lui donner une information loyale, claire et appropriée sur les risques graves afférents aux investigations et soins proposés, et [...] il n'est pas dispensé de cette obligation du fait que ces risques ne se réalisent qu'exceptionnellement* "[48] . Cette décision est réitérée dans l'arrêt de la première Chambre civile du 9 octobre

---

[47]Cass.1re civ., 17 nov 1969, Bull. civ. I, n°347
[48] Cass. 1re civ., 7 oct. 1998, préc.; Cass. 1re civ., 15 juill. 1999

2001[49] . De plus, il a été précisé que le médecin " *n'est pas dispensé de cette information sur la gravité du risque par le seul fait que l'intervention serait médicalement nécessaire* "[50] . Ces arrêts conduisent ainsi à un alourdissement de l'obligation d'information du médecin.
Le renforcement de l'obligation d'information passe également par la charge de la preuve. Jusqu'en 1997, c'est au patient d'apporter la preuve du défaut d'information du médecin ou de l'établissement de santé.
La Haute Juridiction, après cassation d'un arrêt de la Cour d'Appel de Rennes au motif que " *celui qui est légalement ou contractuellement tenu d'une obligation particulière d'information doit rapporter la preuve de l'exécution de cette information. Ainsi et conformément aux règles les plus classiques de droit civil ... que du droit de la consommation, il appartient désormais au médecin d'établir qu'il a donné au patient les informations qu'il est légalement tenu de lui fournir* "[51]. De même, la Cour d'Appel Administrative de Paris précise, par un arrêt du 9 juin 1998, que tous les risques graves, mêmes exceptionnels, doivent être signalés au patient et que c'est à l'hôpital de prouver que cette information a bien été faite[52].
La jurisprudence impose ainsi au médecin de constituer la preuve de l'exécution de leur obligation d'information en faisant signer au patient, par exemple, des documents contenant tous les renseignements nécessaires.
L'obligation d'information est un moyen pour les juges d'indemniser, certes pas intégralement, des victimes d'aléa thérapeutique au titre de la perte de chance. Une nuance est à

---

[49] Cass., 1re civ., 9 oct. 2001
[50] Cass. 1re civ., 18 juill. 2000, D. 2000, IR, p 217
[51] Cass. 1re civ., 25 févr. 1997, Bull. civ. I, n° 75
[52] art. 1315 C. civ, "*actori incumbit probatio*"

apporter car la première Chambre civile de la Cour de Cassation dans son arrêt du 7 octobre 1998[53] précise que lorsque le risque thérapeutique non signalé s'est réalisé mais que le bienfait apporté par l'intervention est supérieur à l'inconvénient consécutif au risque, le patient ne subit pas de préjudice et qu'il n'est donc pas fondé à demander réparation.

La loi du 4 mars 2002 précise l'obligation d'information du médecin à l'article L. 1111-4 du Code de la santé publique. Cette position du législateur marque la volonté d'une participation du patient dans son traitement, exprimée par son consentement. L'article 11 de la loi du 4 mars 2002 stipule que " *toute personne prend, avec le professionnel de santé et compte tenu des informations et des préconisations qu'il lui fournit, les décisions concernant sa santé. [...]*

Aucun acte médical ni aucun traitement de peut être pratiqué sans le consentement libre et éclairé de la personne et ce consentement peut être retiré à tout moment ".

Les médecins ont cru voir dans la loi du 4 mars 2002 et dans la jurisprudence récente, une perte de liberté d'exercice. Cette réaction est vraisemblablement le reflet d'une réflexion paternaliste. Or, le patient, même s'il est conscient des risques que comporte un traitement, ne va pas le refuser s'il peut le soulager d'une gêne ou d'une souffrance. Ce choix du législateur n'est pas une " punition " du professionnel de santé; Peut-être est-ce même un moyen de résoudre nombre de dossiers contentieux qui reposent sur une mauvaise information de la part du médecin. Cette obligation d'information, renforcée par la jurisprudence et la loi, est la preuve apportée au patient que le médecin n'est pas

---

[53] Cass. 1re civ., 7 févr. 1998

tout puissant. Il est alors nécessaire que chacune des parties l'intègre dans sa réflexion.

L'évolution du contentieux médical ne tend pas seulement à modifier les conditions juridiques d'exercice de la médecine, mais elle a aussi des conséquences économiques –indemnisation – notamment dans la relation médecin – assureur.

II - L'obligation d'assurance : la nouvelle donne de la relation médecin / assureur

Dans un souci de protection des victimes d'accidents médicaux, le législateur a établi une obligation d'assurance pour tous les acteurs du domaine médical par la loi du 4 mars 2002. Toutefois, cette obligation d'assurance n'implique pas une obligation d'assurer pour les compagnies d'assurance, d'où un accès difficile des professionnels à l'assurance et la naissance du conflit médecins – assureurs (A). La loi du 30 décembre 2002, sous la pression des assureurs, est venue modifier et compléter celle du 4 mars pour permettre la restauration du marché de l'assurance en responsabilité médicale (B).

A - Une conséquence logique, source de conflit

La révolte des professionnels de santé à l'annonce puis à la parution de la loi du 4 mars 2002 tient surtout dans l'obligation d'assurance (1). En effet, si le Code de déontologie impose une obligation d'assurance à certains praticiens afin de protéger les patients, la légalisation de cette obligation a déséquilibré le rapport entre les acteurs médicaux et les assureurs, en donnant à ces derniers une position économique dominante (2).

1- La loi du 4 mars 2002 – 3ème volet : l'obligation d'assurance

i - L'obligation d'assurance pour tous les acteurs médicaux

Selon cette loi, dite " loi Kouchner ", l'article L 1142-2 du Code de la santé publique ainsi que l'article L. 151-1 du Code des assurances disposent : "*Les professionnels de santé exerçant à titre libéral, les établissements de santé, services de santé et organismes... exerçant des activités de prévention, de diagnostic ou de soins, ainsi que les producteurs, exploitants et fournisseurs de produits de santé... sont tenus de souscrire une assurance destinée à les garantir pour leur responsabilité civile ou administrative susceptible d'être engagée en raison des dommages subis par des tiers et résultant d'atteintes à la personne survenant dans le cadre de cette activité de prévention, de diagnostic ou de soins.* "

Le champ d'application de l'assurance obligatoire est très large car tous les professionnels de santé sont concernés. Il n'a toutefois pas été nécessaire d'attendre cette loi pour que des obligations d'assurance existent en France pour la protection des patients et des acteurs de santé par le Code de déontologie des médecins. L'intérêt de cette obligation d'assurance est qu'elle concerne non seulement la responsabilité pour faute mais aussi la responsabilité sans faute. Le problème alors posé à l'assureur est qu'il n'a plus de libre-arbitre dans le choix de sa gestion des risques. Il n'est pas rare de voir un assureur refuser d'assurer certains risques aux vues d'une importante sinistralité. La loi du 4 mars

2002, conduit donc les assureurs à assurer tous les acteurs médicaux. Mais devant la détérioration du marché de l'assurance de responsabilité civile médicale, le législateur a dû trouver un moyen pour remédier au refus d'assurer de certains assureurs et à l'augmentation brutale et considérable des primes demandées aux professionnels de santé. Une étude menée par le Groupe des Assurances Murtuelles Médicales (GAMM), montre que de 1986 à 1997, le nombre de déclarations de sinistres est passé de 1 pour 100 assurés à 1,84, soit 2.166 dossiers enregistrés pour les seuls médecins généralistes et spécialistes.

DECLARATIONS DOMMAGES CORPORELS –
Médecins généralistes et spécialistes
- GAMM –

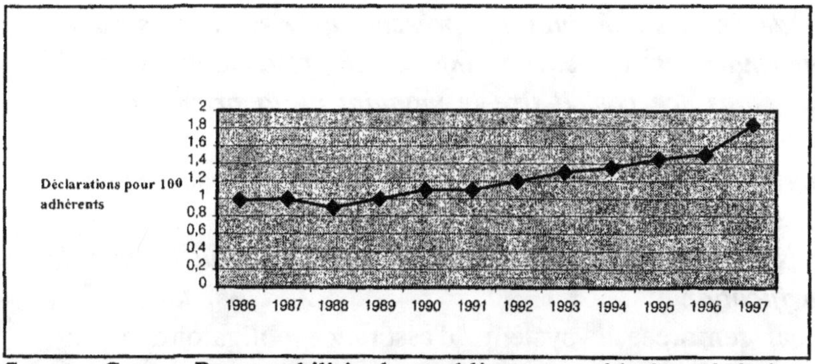

Source : Cours : Responsabilités, les problèmes en médecine générale DU de médecine générale Cours du 10-6-1999. Responsabilité, les problèmes en médecine générale. Université Paris V

Ainsi le bureau de tarification a été instauré par l'article L. 252-1 du Code de la santé publique, tiré de la loi du 4 mars 2002, qui énonce que : " *Toute personne assujettie à l'obli-*

gation d'assurance prévue à l'article L. 1142-2 du Code de la santé publique qui, ayant sollicité la souscription d'un contrat auprès d'une entreprise d'assurance couvrant en France les risques de responsabilité civile mentionnée au même article, se voit opposer deux refus, peut saisir un bureau central de tarification dont les conditions de constitution et les règles de fonctionnement sont fixées par décret du Conseil d'Etat.
Le bureau central de tarification a pour rôle exclusif de fixer le montant de la prime moyennant laquelle l'entreprise d'assurance intéressée est tenue de garantir le risque qui lui a été proposé. Il peut, dans les conditions fixées par décret en Conseil d'Etat, déterminer le montant d'une franchise qui reste à la charge de l'assuré.
Le Bureau Central de Tarification saisit le représentant de l'Etat dans le département lorsqu'une personne assujettie à l'obligation d'assurance prévue à l'article L. 1142-2 du Code de la santé publique présente un risque d'assurance anormalement élevé. Il en informe le professionnel concerné. Dans ce cas, il fixe le montant de la prime pour un contrat dont la durée ne peut excéder six mois.
Est nulle toute clause des traités de réassurance tendant à exclure certains risques de la garantie de réassurance en raison de la tarification adoptée par le bureau central de tarification ".
Pour renforcer le système d'assurance obligatoire et afin qu'il soit opérationnel dans le court délai qu'il est imparti, le législateur a aussi prévu des pénalités pour les assureurs qui voudraient encore résister : article L. 252-2 du Code de la santé publique : " *Toute entreprise d'assurance qui maintient son refus de garantir le risque dont la prime a été fixée par le bureau central de tarification institué à l'article L. 252-1 est considérée comme ne fonctionnant plus confor-*

mément à la réglementation en vigueur. Elle encourt, selon le cas, soit le retrait des agréments prévus aux articles L. 321-1, L. 321-7, L. 321-7, L. 321-8 et L. 321-9, soit les sanctions prévues aux articles L. 351-7, L. 351-8 et L. 363-4. "

ii - Etat des lieux de l'assurance en responsabilité civile professionnelle médicale

La situation de crise de la responsabilité médicale révélée à la suite de la loi du 4 mars 2002, n'est toutefois pas un phénomène récent. Depuis ces 15 dernières années, l'évolution du risque de responsabilité d'un point de vue technique, juridique, social ou économique a connu une évolution sans précédent et a eu un impact économique important sur la branche assurantielle de la responsabilité civile.
Ainsi, au plan technique, les progrès technologiques dans le domaine médical, ont eu un double effet sur le risque de responsabilité. Ces techniques permettent de détecter de nouvelles maladies, virus et bactéries, facilitent la connaissance de l'origine auparavant inexpliquée de maladies déjà détectées depuis longtemps, mais dans une logique de cause à effet, cet élargissement du domaine d'activité du médecin a comme conséquence d'agrandir le champ de responsabilité du professionnel de santé, ce qui implique l'augmentation de la probabilité de mise en cause de ce dernier lorsque le traitement n'a pas eu les effets escomptés ou dans les cas d'accidents. D'autre part, les nouvelles techniques ont rendu l'acte thérapeutique plus sûr mais lors d'un échec ou lorsqu'un accident survient les dommages résultant ont tendance à être plus graves qu'auparavant.

En France, l'importance grandissante du droit à réparation conduit à une augmentation du risque de responsabilité par l'élargissement de la notion de faute – nécessaire, rappelons-le pour ouvrir droit à réparation au sens des articles 1382 et suivants du Code civil – et l'installation progressive d'une responsabilité sans faute. Ceci doit toutefois être nuancé car le Conseil d'Etat dans son rapport public de 1998 met en garde les institutions judiciaires et administratives contre les effets pervers d'une jurisprudence amenant à la dissolution de la faute car elle conduirait à une déresponsabilisation des praticiens et établissements de santé à la défaveur des victimes, “ *la société échangerait alors une sécurité juridique contre une insécurité médicale* ”. Il ajoute, en outre, qu'il est effectivement délicat et difficile de traiter une question de solidarité à l'égard des victimes de risques thérapeutiques par les voies de responsabilité. D'où la demande des assureurs de séparer le droit à réparation et le droit de responsabilité comme on a pu le voir précédemment au Danemark et en Suède. Toute la problématique du droit à réparation est sa cohabitation avec le droit de la responsabilité car c'est ce dernier, fondé sur la faute, qui est en place dans la législation, alors que le droit à réparation ne nécessite pas forcément l'existence d'une faute. Dans les faits, s'installe une responsabilité objective justifiée par le risque que fait encourir le médecin à son patient. De plus, après l'application de la directive du 25 juillet 1985 relative à la responsabilité du fait des produits défectueux par la loi du 19 mai 1998, la charge de l'obligation de sécurité à l'égard du patient imposée par la jurisprudence est transférée du producteur ou du fournisseur d'un produit à l'utilisateur c'est-à-dire le praticien. Ainsi, en écartant l'acte lui-même et en prenant en compte l'attente du consommateur, ce qui est de plus en plus souvent l'attitude des tribunaux dans des dossiers de dommages corporels liés à des actes thérapeutiques, la jurisprudence s'engouffre dans un concept d'indemnisation à outrance[54] importé d'Amérique du Nord et déjà fréquemment appliqué dans ces pays, assez incompatible avec la philosophie du droit civil. L'augmentation du risque de responsabilité médicale tient aussi du fait que même si la responsabilité, à proprement parler, reste fondée sur la faute prouvée du praticien, celui-ci est désormais tenu d'une obligation particulière d'information et de sécurité.

De plus, l'évolution que connaît notre société implique l'idée que tout risque qui cause des dommages doit être nécessairement réparé soit par celui ou ceux qui l'ont causé, soit par la solidarité nationale, le seuil de tolérance à ces risques s'étant fortement abaissé. Il est nécessaire aussi de rappeler que l'assureur a un rôle social dans la mesure où il permet de rétablir un équilibre brisé par un dommage, conséquence de la survenance d'un risque qu'il assure.

Economiquement, l'assureur, dans les années 1990, a dû verser des indemnités en réparation de dommages dont l'augmentation, notamment du fait de l'affaire " du sang contaminé ", a été significative. C'est alors, semble-t-il, que l'assurance de responsabilité civile a dû repousser au plus loin ses limites économiques du fait, d'une part, que le prix à payer pour couvrir la responsabilité civile (médicale ou autre) devient financièrement de moins en moins supportable pour de nombreux assurés et d'autre part, que le risque devient tout simplement inassurable ; la prime ne donne plus une contrepartie certaine aux sinistres.

---

[54] Aux Etats-Unis, les personnes s'estimant victimes d'une erreur médicale ont tout intérêt à engager une procédure devant les tribunaux car la rémunération des avocats est uniquement fonction du résultat obtenu. Aucun frais n'est à avancer avant le prononcé de la décision de justice.

Ainsi, *toutes ces évolutions, dont* l'évolution jurisprudentielle qui donne la priorité au droit à réparation, implique une évolution économique de la couverture du risque de responsabilité, qui, au lieu de bénéficier aux personnes lésées, a pour effet dans sa dérive ultime, de restreindre l'assurabilité du risque et donc de nuire aux victimes.

“ Le Livre Blanc de l'Assurance Responsabilité Civile ”, publié le 12 septembre 2000 par la Fédération Française des Sociétés d'Assurance (FFSA), s'interroge sur les possibilités de concilier une indemnisation équitable des victimes et une responsabilisation justifiée des professionnels. Selon la FFSA, pour suivre une telle évolution de la société, l'assureur doit posséder toutes les possibilités d'adaptation de ces contrats. Or, aujourd'hui, les assureurs sont confrontés à de nombreux obstacles, politiques, législatifs, réglementaires, voire jurisprudentiels. Si le politique veut donner à l'assureur en responsabilité civile un rôle déterminant dans l'indispensable protection du consommateur, il doit lui permettre de recourir à tous les moyens pour répondre à la demande de protection sans pour autant endommager l'assurabilité.

Pour fonctionner, l'assureur tarifie les risques que ses assurés lui ont transférés selon une estimation statistique de la fréquence et du coût moyen des indemnités réglées sur un segment spécifiques d'assurés. Cette évaluation statistique des risques nécessite entre autre une stabilité juridique. Or, si la loi s'applique uniquement pour l'avenir, la jurisprudence, qui traite de situations particulières dommageables, a nécessairement un caractère rétroactif sur la police d'assurance signée à un temps t, conformément à la loi en vigueur et selon les connaissances médicales du moment. Ainsi l'assureur revendique l'importance de l'affectation de la réclamation. Deux possibilités s'offrent à lui pour affecter le sinistre au contrat d'assurance :

- La " base réclamation " : le sinistre est affecté au contrat d'assurance en vigueur au moment de la réception par l'assureur (ou l'assuré) de la demande de réparation.
  Le " fait générateur " : le sinistre est affecté au contrat d'assurance en vigueur au moment où s'est effectué l'acte, la contamination, etc... qui entraîne la demande de réparation.

Le système " base réclamation " permet l'adaptation du contrat aux éventuelles nouvelles règles de droit, alors que le système " fait générateur " place le sinistre dans des conditions contractuelles anciennes et figées. Le système " fait générateur " ne permet donc pas une prévisibilité claire et globale du risque. Ainsi, au fil de la jurisprudence, une affectation de type " fait générateur " est amenée à indemniser de nouveaux risques qui n'étaient pas prévus à la signature de la police. L'équilibre financier de l'opération d'assurance est alors techniquement compromis. Ainsi, la Cour de Cassation par son arrêt du 19 décembre 1990, qui reconnaît comme seul critère d'application la garantie dans le temps du " fait générateur " entrave l'assurabilité des risques en responsabilité civile médicale. C'est pourquoi, en ce qui concerne les grands risques et les risques de masse au sens du Code des assurances, les membres de l'ASPAD ont conclu une convention en 1991, interdisant aux co-signataires de se prévaloir de la jurisprudence de décembre 1990 de la Cour de Cassation afin d'effacer en partie les conséquences de cette dernière tout en essayant de combler les " trous de garantie " visés par la Cour de Cassation par les mesures suivantes : "

- *recommandation de critères d'application de la garantie en fonction de l'activité exercée ;*
- *obligation pour les sociétés adhérentes de reprendre le passé inconnu et de prévoir une période subséquente d'au moins cinq années assortie d'un plafond de garantie en montant spécifique pour cette période ".*

En outre, pour éviter tout conflit, les assureurs cosignataires de la convention APSAD de 1991 ont choisi de ne pas se soumettre aux tribunaux mais d'avoir recours à une procédure d'arbitrage.
En l'état actuel, le marché français de la responsabilité civile médicale est très contraignant. Ainsi, l'obligation d'assurance, issue de la loi du 4 mars 2002, a achevé le phénomène de fuite des assureurs étrangers, notamment des compagnies américaines. L'offre d'assurance s'est alors rétractée et comme la demande du fait de l'obligation d'assurance a parallèlement augmenté, les primes ont été fortement majorées face également à une aggravation des risques.
En 2002, et en conséquence des dispositions de la loi du 4 mars 2002, de nombreux praticiens et établissements de soins ont vu leur accès à l'assurance se restreindre très fortement.

2- Le conflit médecin – assureur

Au début de l'année 2003, certains spécialistes – principalement les échographistes et les obstétriciens – ont menacé d'arrêter d'exercer leur activité. Cet événement est la conséquence de deux phénomènes : un risque juridique d'exercice considéré comme trop important et des primes d'assurances exorbitantes (i). L'augmentation des primes, principalement liée au risque juridique de l'exercice médical, a contribué à une crise de la relation médecin – assureur. La loi du 4 mars 2002 instaurant une obligation d'assurance, la communication entre le médecin et son assureur est réduite à néant ; le médecin n'accepte pas les conditions de l'assureur, et celui-ci reste cantonné à sa position en présentant une argumentation de crise économique. Ce sont toutefois les assureurs qui, les premiers, amorcent un déblocage de la situation en instaurant une structure économique temporaire (ii).

i - Le refus d'exercer de certains spécialistes

La première raison exposée par les médecins est l'alourdissement de leur responsabilité professionnelle par la jurisprudence. Les juges, par leur volonté d'indemniser l'aléa thérapeutique, repoussent les limites de l'art du médecin et leur font supporter la responsabilité de risques qu'ils ne peuvent matériellement pas gérer (a). Ensuite, l'indemnisation que le médecin peut être amené à verser à la victime, prise en charge par les compagnies d'assurance, entraîne une augmentation sans précédent du montant des primes que le médecin n'est pas en mesure de supporter (b).

a - Un risque d'exercice inacceptable éthiquement

La mission du médecin est d'être au service de l'individu en exerçant son art dans le respect de la vie et de la dignité humaine. Face aux décisions des tribunaux, le Conseil national de l'Ordre des médecins s'inquiète de l'évolution de cette mission, notamment de sa remise en cause éthique. Les médecins acceptent la lourde charge qui leur incombe et savent reconnaître leurs limites. Le médecin est notamment soumis à des règles de déontologie strictes reconnues comme des principes fondamentaux par le Conseil d'Etat[55]. Il n'apparaît pas alors sain et éthiquement acceptable aux médecins d'être confrontés à des responsabilités abusives qui incombent à d'autres parmi lesquels la société. Ceci revient en effet à remettre en cause le droit à l'erreur du médecin. Si l'erreur par négligence ou par insuffisance de moyens est condamnable, celle qui relève de l'ignorance est beaucoup plus discutable. Le médecin exerce un art dont il lui est impossible de connaître tous les ressorts qui sont en perpétuelle évolution.

Dans un tel contexte, des praticiens dont la spécialité est à “ haut risque ” hésitent à poursuivre leurs activités. Les échographistes sont les premiers à avoir un tel comportement. Si procéder à un examen échographique aboutit à des inconvénients (mise en cause de leur responsabilité) supérieurs aux bienfaits de l'acte (déceler des malformations,...), pourquoi en pratiquer ? La sécurité du patient nécessite l'examen, mais celle de l'échographiste réside aujourd'hui plus, selon eux, dans son abstention. La réanimation présente également des risques importants pour les praticiens. La gravité de l'état des patients implique un taux élevé de décès. Or c'est dans le cas de décès après traitement de réanimation que les plaintes sont les plus nombreuses. Le médecin réanimateur est alors confronté à une alternative dont les risques sont tous deux importants : soit il réanime

---

[55] Ass., 2 juill. 1993, *Milhaud* : AJ 1993, p. 530, chron. Maugüé et Touvet

le patient au risque de séquelles considérables et il peut alors être accusé d'acharnement thérapeutique, soit il considère que la survie du patient engendrerait plus de souffrances que nécessaires au quel cas il peut lui être reproché de ne pas avoir mis en œuvre tous les moyens existants pour la survie du patient. Dans les deux cas, sa responsabilité peut être mise en cause. Le seul moyen pour le médecin réanimateur de se protéger est d'informer au mieux des circonstances du traitement. Là aussi, l'information fournie par le praticien est le noyau de sa relation avec le patient ou sa famille.

b - Des primes élevées

L'assureur, pour calculer les primes annuelles qui ouvrent droit à la garantie des risques en responsabilité civile médicale, procède à une comparaison entre le coût moyen des sinistres et les primes moyennes ce qui lui permet de déterminer son équilibre financier et par conséquence l'assurabilité des risques. Ainsi, il n'est pas étonnant de voir que les primes les plus importantes sont destinées aux chirurgiens, dont l'activité est considérée comme " à risque ". Un chirurgien paie, en moyenne, une prime de 15.000 € **par an** aujourd'hui alors qu'elle ne se portait qu'à 4.600 € **en 1990.** Les anesthésistes et les obstétriciens forment avec les chirurgiens le tiercé gagnant du montant des primes d'assurance. Enfin, le généraliste, dont le segment de clientèle est considéré par les assureurs comme un risque moyen en évolution négative, versent environ 1.190 € **par an** à leur assureur.

En 2002, les professionnels assurés en responsabilité civile professionnelle ont vu soit leurs polices résiliées par la Compagnie d'Assurance pour un tiers d'entre eux, soit le montant de leurs primes augmenter considérablement. Or, cette augmentation, en moyenne de 30 %, n'est pas uniquement la conséquence de l'obligation d'assurance de la loi Kouchner mais aussi celle de deux éléments de fonctionnement des compagnies d'assurance : la segmentation des risques (i) et la recherche d'un équilibre financier nécessaire (ii).

(i) Segmentation technique des assureurs

Tout d'abord, la segmentation des risques de l'assurance médicale. Au lieu de mutualiser tous les risques entre chirurgiens, obstétriciens, ophtalmologistes, généralistes, ... les compagnies d'assurances ont préféré mutualiser les risques par métiers. On se retrouve alors dans une situation où le segment des obstétriciens est à haut risque et demande donc des primes très élevées – un obstétricien compte 180 consultations pour financer sa prime d'assurance en 2002 – alors que celui des généralistes a vu ses primes majorées “ raisonnablement ”.

(ii) Recherche d'un équilibre financier

Tout assureur qui perçoit une prime au titre de la couverture d'un risque est obligé, de par la réglementation, de créer des provisions pour “ sinistres inconnus ”. Pour cela, il utilise ses fonds propres et les primes perçues nettes des rétrocessions à ses réassureurs. Cette provision pour " sinistres inconnus " est liquidée au fur et à mesure de l'enregistrement des dossiers sinistrés. Elle devient alors une réserve pour sinistres connus, actualisée, dossier par dossier, en fonction de leur évolution.

La durée de ce type de réserve dépend du délai nécessaire à la fixation définitive de l'indemnité. Dans le cas de la responsabilité civile médicale, ce délai est, en moyenne, supérieur à 5 ans. Ce qui place les risques en responsabilité médicale dans la catégorie des " risques longs ".

Les sommes ainsi affectées sont placées en valeurs immobilières et mobilières dont les revenus représentent 80 % des produits techniques d'assurance et de réassurance. Une crise économique entraîne une baisse des revenus de ces placements et peut, selon l'amplitude de son cycle, réduire le capital. Dans ces cas de figure, le rapport sinistres à primes d'une branche d'assurance, chroniquement déficitaire ou en évolution très incertaine, conduit l'assureur à revoir le montant des primes, à résilier les polices à sinistres importants ou à se retirer définitivement de cette branche. Ce retrait est quasiment inévitable dans le cas où l'offre de réassurance se tarit et se surenchérit.

ii - Le rétablissement temporaire de la relation médecin – assureur : le GTAM

L'application de la loi Kouchner du 4 mars 2002 voulait permettre une restauration du marché de l'assurance maladie en France en reconstituant l'offre. Cependant les acteurs de l'assurance maladie n'ont pas eu le temps matériel pour mettre en place cette offre d'assurance avant le 1er janvier 2003 et de nombreux assureurs étrangers ayant résilié leurs polices sur les acteurs français du médical laissaient ces derniers dans une situation de non-assurance ce qui leur enlevait *de facto* leur droit d'exercer. De plus, le bureau de tarification qui doit permettre à tout professionnel de santé de faire assurer sa responsabilité professionnelle n'est pas mis en place au 1er janvier 2003. Ainsi, pour éviter l'absence d'assurance au 1er janvier 2003, un GIE (Groupement d'Intérêt Economique) nommé GTAM (Groupement Temporaire d'Assurances Médicales) a été mis en place le 15 novembre 2002 par un pool d'assureurs français dont les principaux membres sont AXA, la Médicale de France, MMA, Groupama, la SHAM, le Sou Médical, la Matmut et la MAAF. L'objectif du pool est de permettre l'accès à l'assurance de tous les acteurs médicaux par un système de coassurance entre les membres du pool pour une période limitée. Cette période s'étend du 1er janvier au 31 décembre 2003. Ces assureurs se partagent les risques en responsabilité civile médicale au prorata des parts de marché du pool (Axa représente 26% du pool). Cette création a permis une remise sur les rails de l'assurance médicale. Le principe est le suivant : si un médecin ne réussit pas à obtenir la couverture des risques inhérents à son activité avant le 31 décembre 2002 auprès d'une Compagnie d'Assurance, le GTAM se propose de l'assurer mais selon ses conditions tarifaires et sans l'intervention de courtiers. Ainsi tout médecin respecte l'obligation d'assurance au 1er janvier 2003. Le GTAM a été fortement critiqué car certaines compagnies d'assurance qui l'accusaient d'abus de position dominante. Or, le but de ce GIE n'est pas de perturber le marché de l'assurance maladie mais de lui permettre de se rétablir. De plus, le GTAM est voué à disparaître à la fin de l'année 2003. Sa période de vie est destinée à la mise en place par les assureurs, individuellement, d'une offre appropriée aux professionnels de la santé. Certes, tout ce remue-ménage a entraîné une hausse des primes d'en moyenne 30% mais cette hausse est aussi le résultat d'une adaptation brutale aux conditions dégradées du marché récurrentes depuis plus de 10 ans.

B - Aménagements de la loi du 4 mars 2002 par la loi du 30 décembre 2002

La loi n° 2002-1577 du 30 décembre 2002 portant sur les accidents médicaux des secteurs privé et public, est avant tout l'aboutissement de la forte contestation des assureurs en responsabilité médicale de la loi n° 2002-303 du 4 mars 2002. Les assureurs avancent en effet le postulat selon lequel cette loi aurait pour conséquence, à long terme, de rendre inopérant le système d'assurance de la responsabilité médicale.

1- Le retour à la base-réclamation pour les assureurs

Une des principales réclamations des assureurs est la diminution de la garantie dans le temps des risques liés à la responsabilité médicale. La clause de garantie dans le temps la plus favorable aux assureurs est celle dite de " base réclamation " interdite par la jurisprudence en 1990. Or, selon les assureurs, l'application de cette clause est fondamentale pour le bon fonctionnement de la garantie (i). Le retour aux clauses " base réclamation " est bien une opportunité pour les compagnies d'assurances mais elle peut être désavantageuse pour les victimes (ii).

i - Fonctionnement

La clause de " base réclamation " a été utilisée dans les polices d'assurance en responsabilité civile dans le domaine de la construction et celui du médical. L'intérêt de l'assureur pour cette clause est important car les risques naissant de la responsabilité civile sont considérés comme des " risques longs ". Cela signifie qu'une faute de l'assuré à une date donnée peut donner lieu à un sinistre pour l'assureur plusieurs années après le fait générateur. En matière de responsabilité médicale, la date à partir de laquelle court le délai de prescription est la consolidation, date fixée par un magistrat. La consolidation est la date où les lésions, devenues définitives, permettent d'établir le taux d'IPP. Or, les lésions causées par des accidents médicaux peuvent très bien ne devenir définitives qu'après plusieurs années – dans le cas par exemple d'un dommage entraînant un état végétatif évolutif – ce qui ne permet pas à l'assureur de prévoir avec une précision suffisante la date d'indemnisation du sinistre.
C'est pourquoi, avant 1990, les assureurs ont le choix entre les deux types d'affectation des réclamations d'assurance selon leur volonté de gestion des sinistres
La cohabitation de ces deux types de polices peut avoir une conséquence plus que néfaste pour la victime. Prenons un exemple :

– Un médecin conclu une police d'assurance " base réclamation " en responsabilité civile médicale avec un assureur A le 1er janvier 1986, police qui couvre les sinistres pendant une période de garantie de 2 ans, soit jusqu'au 31 décembre 1988.

A échéance, le contrat d'assurance n'est pas renouvelé et le médecin souscrit une police " fait générateur " auprès d'un autre assureur B pour une durée totale de 5 ans (du 1er janvier 1989 au 31 décembre 1993).

Le 15 décembre 1987, ce médecin prodigue des soins à un patient et le 20 mars 1990, ce dernier est victime d'un dommage consécutif aux soins prodigués le 15 décembre 1987. Le médecin fait alors une déclaration de sinistre à son assureur B.

Un jugement est ensuite prononcé qui établit la responsabilité du médecin et le condamne au versement d'indemnités par provision. Le médecin se retourne alors vers son assureur pour obtenir la couverture du sinistre. La réponse de l'assureur est alors simple : la couverture des sinistres ne court que pour des faits générateurs intervenus pendant la période de garantie.

L'assureur, dont la clause de " fait générateur " est justifiée, n'est donc pas tenu de se substituer au médecin.

Pour se dégager de sa responsabilité, l'assureur B va alors se retourner contre l'assureur A. Il s'en suit une bataille juridique longue et douloureuse pour la victime, qui, pendant ce temps, n'est pas certaine de conserver son indemnité perçue par provision, si tant est que cette indemnité ait déjà pu être versée.

Le 19 décembre 1990, la Cour de Cassation, dans une affaire de responsabilité civile en construction et, par un arrêt de principe – donc sans discrimination des champs d'application –, déclare nulles les clauses de " base réclamation " sur le fondement suivant " *Le versement de primes pour la période qui se situe entre la prise d'effet du contrat et son*

expiration a pour contrepartie la garantie des dommages qui trouvent leur origine dans un fait qui s'est produit pendant cette période. Il s'ensuit qu'aboutissant à priver l'assuré du bénéfice de l'assurance en raison d'un fait qui ne lui est pas imputable et à créer un avantage illicite, comme dépourvu de cause, au profit du seul assureur ayant perçu sans contrepartie les primes, doit être réputée non écrite la stipulation de la police selon laquelle le dommage est garanti seulement si la réclamation de la victime a été formulée pendant la période de validité du contrat. ". C'est-à-dire que les assureurs ne doivent prendre en compte que la date du fait générateur et non plus la date de déclaration du sinistre pour savoir à qui revient le rôle de couvrir le sinistre.
Le Conseil d'Etat a confirmé, sinon accentué, la décision de la Haute Juridiction dans un arrêt du 29 décembre 2000[56] en donnant la priorité à la clause " fait générateur " au détriment de la clause " base réclamation " même si cette dernière est extraite d'un texte réglementaire.
A partir de ces deux arrêts de principe, un problème technique et financier se pose pour les assureurs. Ils doivent en effet provisionner leurs risques chaque année. Qu'advient-il lorsqu'une réclamation est la conséquence d'un fait générateur datant de 20 ans auparavant ? La réponse paraît simple théoriquement mais elle reste complexe dans les faits. Comment rouvrir des comptes de provisions pour sinistres inconnus clos depuis 15 ou 20 ans ? Se pose alors un problème comptable pour l'assureur : celui des provisions pour " sinistres inconnus " inscrites au passif, d'où une insécurité juridique et comptable. C'est pour cela que depuis les années 1990, les assureurs s'opposent à la position de la Cour de cassation. Une convention dite " convention FFSA " a

---

[56] CE, 29 déc. 2000, n°s 212338 et 215243, Beule

alors été établie entre tous les assureurs proposant des polices de responsabilité civile " base réclamation " dans laquelle ces derniers s'engagent à ne pas recourir les uns contre les autres en contestation de cette clause. En effet, les assureurs sont légalement confrontés à une prescription des sinistres trentenaire et à des risques pécuniaires grandissants.

Seule l'intervention du législateur peut alors " contrecarrer " les décisions du Conseil d'Etat et de la Cour de Cassation et " légaliser " le fonctionnement parallèle des signataires de la " convention FFSA ".

ii - Avantages pour les assureurs

a - Répartition de la charge des indemnisations

Si les assureurs se sont déclarés prêts à couvrir les risques de l'aléa thérapeutique individuel dans la mesure où ils peuvent en évaluer les conséquences financières et ainsi mettre en place un dispositif pouvant les supporter, ils refusent toutefois de garantir les risques nouveaux car imprévisibles et dont le nombre des victimes ne peut pas être évalué assez précisément. C'est ainsi que dans les années 1990, les assureurs ont été confrontés à l'indemnisation des victimes " du sang contaminé ". La loi du 4 mars 2002 ainsi que la loi du 30 décembre 2002 ont transféré la charge de l'indemnisation des dossiers du " sang contaminé ", de l'hormone de croissance ainsi que des contaminations de l'hépatite C, des assureurs vers l'ONIAM. L'intérêt n'est pas négligeable car dans les premières décisions rendues par les tribunaux mettant en

cause les centres de transfusion sanguine, fondées sur le fait que les centres sont tenus de fournir un produit non vicié, les juges ont condamné les centres de transfusion sanguine à verser des indemnités qui pouvaient atteindre 1.000.000 francs (154.200 euros) par victime. En outre, la loi du 4 mars 2002 n'évoque pas la prise en charge de l'aléa thérapeutique.
Les assureurs se sont alors insurgés et ont demandé une fois de plus la création d'un fonds spécial d'indemnisation ; la loi du 30 décembre 2002 en complétant celle du 4 mars, apporte une réponse aux revendications des assureurs dans le fonctionnement de l'ONIAM.

b - Aménagement des polices de responsabilité civile médicale

Le rétablissement des clauses de " base réclamation " par la loi du 4 mars 2002 n'est pas satisfaisante en elle-même pour l'assurance des professionnels de santé. En effet, le passage d'un contrat " fait générateur " à une police " base réclamation " entraîne des " trous de garantie " dans la couverture des risques. La loi du 30 décembre 2002, complète le système de " base réclamation " en imposant l'insertion dans ces polices de deux clauses : une garantie subséquente et une reprise du passé inconnu.

La clause de " reprise du passé inconnu " permet la garantie de sinistre causé par un fait générateur antérieur au contrat et inconnu du professionnel de santé lors de la souscription de la police (principe même de l'assurance, un fait connu n'étant plus constitutif d'un risque, inconnu par définition).

Lorsque la garantie de deux contrats d'assurance successifs se chevauche dans le temps, la nouvelle loi écarte l'application de l'article L. 121-4 du Code des assurances sur les cumuls d'assurance : “ Lorsqu'un même sinistre est susceptible de mettre en jeu la garantie apportée par plusieurs contrats successifs, il est couvert en priorité par le contrat en vigueur au moment de la première réclamation ”. Ceci permet de neutraliser les contestations à naître entre deux assureurs successifs, le premier couvrant les risques “ fait générateur ” et le deuxième les risques en “ base réclamation ”. Par conséquent, tous les contrats en “ fait générateurs ” sont transformés en police “ base réclamation ”.

En outre, une “ garantie subséquente ” permet la prise en charge par l'assureur des réclamations postérieures à la résiliation du contrat. Ainsi l'article 4 de la loi du 30 décembre 2002 complète le chapitre Ier du titre V du livre II du Code des assurances par un article L. 251-2 : “ *Le contrat d'assurance garantit également les sinistres dont la première réclamation est formulée pendant un délai fixé par le contrat, à partir de la date d'expiration ou de résiliation de tout ou partie des garanties, si ces sinistres sont imputables aux activités garanties à cette date, et s'ils résultent d'un fait générateur survenu pendant la période de validité du contrat. Ce délai ne peut être inférieur à cinq ans* ”.Ce délai est porté à dix ans en cas de cessation d'activité professionnelle ou du décès du praticien. En cas d'expiration d'un contrat d'assurance, l'ONIAM prendra le relais.

Ces dispositions sont applicables de plein droit aux contrats conclus ou renouvelés à compter de la date d'entrée en vigueur de la loi, soit le 1er janvier 2003. Sauf s'ils comportent des dispositions plus favorables, les anciens contrats actuellement en vigueur et non renouvelés assurent une garantie subséquente de cinq ans. Au-delà de ces cinq années, l'article L. 1142-15 du Code des assurances prévoit que l'ONIAM est substitué à l'assureur, mais il peut obtenir le remboursement des sommes versées auprès de la personne responsable[57]

2- Statu quo pour les professionnels de la santé

Les seuls avantages accordé au professionnel de santé tiennent dans le fait que les établissements publics ont une autorisation de dérogation à l'obligation d'assurance en devenant leur propre assureur (cas du AP-HP) et que les sanctions pénales en cas d'absence d'assurance des professionnels de santé du secteur privé ne seront applicables qu'au 1er janvier 2004. En revanche, il ne semble pas que le montant des primes demandées par les assureurs pour garantir les risques en responsabilité civile médicale puisse connaître une diminution (i) et aucune harmonisation de la responsabilité médicale dans les secteurs public et privé n'a été entreprise par les deux lois de l'année 2002 (ii)

[57] art. 1249 C. civ. : *La subrogation dans les droits du créancier au profit d'une tierce personne qui le paye, est conventionnelle ou légale.*
art. 1250 C. civ. : "*Cette subrogation est conventionnelle :*
1°) Lorsque le créancier recevant son paiement d'une tierce personne la subroge dans ses droits, actions, privilèges ou hypothèques contre le débiteur : cette subrogation doit être expresse et faite en même temps que le paiement ;

i - Aucune diminution envisagée pour le montant des primes

L'article 5 de loi du 30 décembre 2002, modifiant l'article L. 251-2 du Code des assurances, s'applique aux contrats conclus ou renouvelés à compter de la date de publication de la loi. L'intérêt des assureurs de recourir aux clauses “ base réclamation ” et la modification de l'article L. 251-2 du Code des assurances, contribuent à la résiliation et à la renégociation des polices d'assurances. Ainsi, les assureurs qui n'avaient pas résilié les polices d'assurances avant le 30 décembre 2002, sont incités à le faire. Tous les assurés subissent alors la hausse du montant des primes du fait des conditions du marché.
En outre, le rétablissement des clauses “ base réclamations ” et la prise en charge par l'ONIAM de l'indemnisation des dommages les plus lourds, ne sont pas des mesures susceptibles de rétablir une situation de l'assurance en responsabilité médicale suffisante pour le retour des Compagnie d'Assurance étrangères.
On peut toutefois se demander si la hausse des primes a pour cause principale l'état du marché de l'assurance. En effet, toujours selon les données de l'étude statistique du GAMM, 76 % des patients ne sont pas indemnisés. Si les 24 % des dossiers indemnisés concernent des dommages corporels graves, la prise en charge de l'ONIAM des dossiers où l'IPP est supérieure à 24 % doit normalement réduire considérablement les sinistres des assureurs et par voie de conséquence, le montant des primes.

ETAT DES LIEUX DES 8.953 DOSSIERS CLOS (1977-1987) - GAMM -

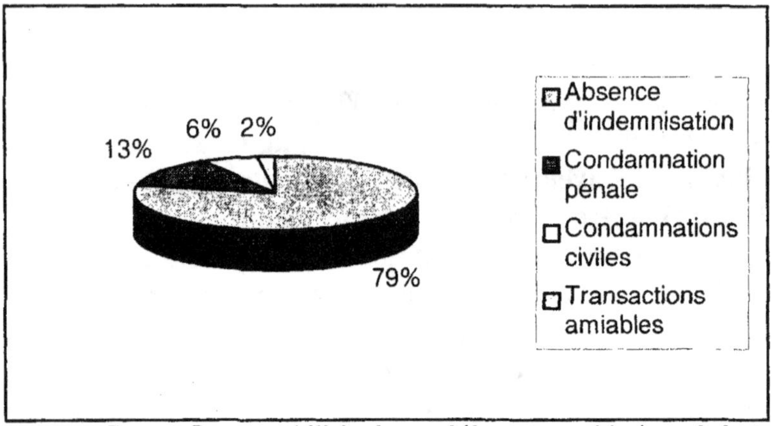

Source : Cours : Responsabilités, les problèmes en médecine générale DU de médecine générale Cours du 10-6-1999. Responsabilité, les *problèmes en médecine générale. Université* Paris V

Pour parer à ce nouvel inconvénient pour les professionnels de santé, une révision à la hausse du prix des prestations est envisagée par les caisses et les syndicats médicaux. Les caisses s'engagent à mettre en œuvre la nouvelle Classification Commune des Actes Médicaux (CCAM) à partir du 1er janvier 2004 en y consacrant un budget de 180 millions d'euros. De plus, les caisses s'engagent à participer au paiement des primes de responsabilité professionnelle pour les médecins du secteur 1 (chirurgiens, anesthésistes, obstétriciens, professionnels de l'imagerie). A partir de 2004, l'assurance maladie doit participer à hauteur des deux tiers aux primes. Pour bénéficier de cette aide, les professionnels de santé concernés doivent souscrire leur assurance dans le cadre d'un dispositif collectif élaboré au premier trimestre 2003.

Ces mesures sont encouragées par l'adoption de la loi de financement de la Sécurité Sociale pour 2003 par le Parlement, d'une hausse de 5,6 % des dépenses de soins de ville liées aux honoraires des médecins. Ainsi, c'est l'assurance maladie ou les patients qui vont devoir contribuer éventuellement au paiement des primes des professionnels de santé.

La loi du 30 décembre 2002 a certes pour effet d'améliorer les conditions du marché de la responsabilité civile médicale en complétant la loi du 4 mars 2002, mais elle comporte une lacune ; elle ne procède pas à l'harmonisation du système de responsabilité entre services de santé public ((i)) et privé (ii)). Les professionnels de santé se trouvent ainsi face à un statu quo du traitement de leur responsabilité, tant face à leurs assureurs qu'à leurs patients.

ii - Pas d'harmonisation de la responsabilité entre domaine de santé public et privé

a - La responsabilité du médecin en hôpital public

Dans un hôpital, les médecins ont le statut de salarié comme tous les autres intervenants hospitaliers. L'hôpital contracte donc avec sa Compagnie d'Assurance une police couvrant la responsabilité civile professionnelle de tous les membres de son personnel, médecins, infirmiers, aides-soignants, cuisiniers... Les médecins en milieu hospitalier engagent donc la responsabilité de la puissance publique, il en découle donc que, sauf faute personnelle détachable des fonctions du médecin, ce dernier n'est pas responsable des dommages qu'il cause dans le cadre de l'exercice de ses fonctions de service public. Le Conseil d'Etat a d'ailleurs abandonné le principe du recours à la faute lourde. Il a de ce fait accepté de reconnaître la responsabilité de l'hôpital pour des actes médicaux sur le fondement de la faute simple.

b - La responsabilité du médecin en clinique

Au contraire, dans une clinique, les médecins ont, pour la plupart, un statut de profession libérale. La clinique souscrit une police d'assurance pour l'organisation des soins et chaque médecin contracte sa propre police en responsabilité civile professionnelle. Tout patient admis dans une clinique passe donc un contrat avec son médecin traitant. Dans les cas où le médecin est salarié de la clinique, celle-ci est responsable des actes du médecin " *dans l'exercice normal de ses attributions* ". Ce phénomène d'immunité du salarié a été reconnu par l'Assemblée Plénière de la Cour de Cassation dans un arrêt du 25 février 2000, dit " Costedoat ". Cette position de la Haute Juridiction en matière de responsabilité personnelle des préposés agissant dans la limite de leur mission sans émettre de discrimination à l'encontre d'un quelconque type de salarié, s'entend toutefois sous couvert de l'indépendance professionnelle des médecins. C'est pour cela que tout médecin salarié dans une clinique est quand même soumis à une obligation d'assurance. Sous cette condition d'ailleurs, on a pu voir la Cour de Cassation prononcer des arrêts reconnaissant la responsabilité du médecin

salarié d'une clinique mais le plus souvent, ces arrêts concernent une recherche de responsabilité du médecin sur le terrain pénal en raison d'une infraction intentionnelle, même sur ordre du commettant. Toutefois, et à plusieurs reprises, la Cour de Cassation a remis en cause l'arrêt de principe “ Costedoat ” pour les cas particuliers des médecins et des sages-femmes. Dans un arrêt de la 1ère Chambre Civile de la Cour de Cassation, les Juges statuent que “ *si l'établissement de santé peut être déclaré responsable des fautes commises par un praticien salarié à l'occasion d'actes médicaux d'investigation et de soins pratiqués sur un patient, ce principe ne fait pas obstacle au recours possible de l'établissement de santé et de son assureur, en raison de l'indépendance professionnelle intangible dont bénéficie le médecin, même salarié, dans l'exercice de son art.* ”
Depuis la création de l'Union européenne, on a pu voir la relation médecin / clinique évoluer et produire un transfert de responsabilité du médecin vers l'établissement de santé où il exerce. Au début des années 1990, l'harmonisation de la zone européenne engendre la création et le développement rapide d'un cadre normatif (normes ISO) notamment au niveau des soins (mode de stérilisation, de nettoyage des salles d'opération, etc...). Un phénomène de certification en pleine expansion conduit à une plus grande mise en cause des cliniques dans l'organisation des soins. Elle dégage en effet le médecin de certaines obligations qui étaient les siennes auparavant et qui deviennent, du fait des normes, celles des cliniques, comme la gestion des présences ou l'organisation des gardes. Lors d'un procès, on peut reprocher à un chirurgien de ne pas avoir été présent sur les lieux d'une intervention dans les délais mais celui-ci – ou sa Compagnie d'Assurance – a toute la liberté de se retourner

contre sa clinique pour sa mauvaise organisation du planning de son équipe soignante.

L'instauration de l'ONIAM et sa prise en charge des indemnisations liées à des infections nosocomiales ou affections iatrogènes, *n'ont pas pour objectif de déresponsabiliser* les établissements de santé. La loi du 30 décembre 2002, renforce l'incitation auprès des établissements de santé à maîtriser le risque nosocomial. La loi maintient donc la possibilité d'un recours de l'ONIAM à l'encontre de l'établissement de santé en cas de faute prouvée à l'origine du dommage. De plus, les établissements de santé sont tenus de constituer un Comité de lutte contre les infections nosocomiales et les CRCI devront signaler au directeur de l'agence régionale de l'hospitalisation dont relève l'établissement et à l'ONIAM les infections entraînant un taux d'IPP supérieur à 24 %. Pour accroître cette surveillance, le VIII de l'article 1er prévoit que l'ONIAM adresse au Parlement et à la Commission Nationale des Accidents Médicaux, placée sous la charge des Ministres de la Santé et de la Justice, un rapport semestriel sur les infections nosocomiales dont il a eu connaissance. Ce rapport qui a pour finalité une publication ouverte à tous, accroît la charge de la responsabilité des établissements de santé tout en les exposant à une publicité. Enfin, les infections nosocomiales entraînant des dommages d'une gravité inférieure à 25 % d'IPP restent couvertes par les assureurs des professionnels et des établissements de santé. Or, statistiquement, les dommages supérieurs à 24 % d'IPP ne représentent que 3 % des sinistres déclarés. La responsabilité des acteurs médicaux reste donc exposée dans la majorité des cas.

CONCLUSION

Les Compagnies d'Assurance peuvent considérer que le bilan législatif de l'année 2002 leur est favorable. La résurrection et la généralisation des clauses " base réclamation ", la limitation de la garantie dans le temps, la prescription décennale et l'obligation d'assurance des professionnels de santé qui leur confèrent une position dominante sont autant d'éléments économiques positifs. La position du législateur marque une évolution certaine vers l'économie du droit. Cette situation n'est peut-être pas la plus adaptée dans un domaine tel que la responsabilité médicale où c'est l'individu – et son existence – qui est au cœur du débat. Pour contrebalancer cet appel au marché, la solidarité nationale est mise en avant, notamment par la création de l'ONIAM qui allège la charge de l'indemnisation des dommages les plus graves pour les assureurs.
L'ONIAM, dont les commissions sont opérationnelles depuis début juin, est théoriquement une avancée dans le droit à réparation mais il est nécessaire d'attendre les premières décisions pour connaître la jurisprudence adoptée par les commissions. En effet, les CRCI sont présidées soit par un magistrat de l'ordre judiciaire, soit par un magistrat de l'ordre administratif. Quelle jurisprudence vont-ils appliquer ? Le problème des moyens juridiques ne se pose pas dans le cadre de l'ONIAM puisque les conditions d'accès à ce système d'indemnisation sont déjà définies. Toutefois, nous avons observé les différences dans les montants d'indemnisation entre les juridictions civiles et administratives et leurs origines. Dans le cadre de l'ONIAM, quel point de vue va être adopté ? Sera-t-il mis en place un système d'harmonisation ? A l'heure actuelle, rien n'est encore prévu. Si les victimes n'obtiennent pas une indemnisation

satisfaisante, ils auront alors recours aux procédures devant les tribunaux, ce qui va conduire à un allongement du délai d'indemnisation alors que l'ONIAM est censé le diminuer. De plus, les dossiers où la victime présente un taux d'IPP inférieur à 25 % relèvent uniquement du droit commun et l'indemnisation des victimes n'est pas prise en charge par la solidarité nationale. En tenant compte du fait que seuls 3 % des dossiers d'indemnisation comportent un taux d'IPP supérieur à 24 %, qu'advient-il des victimes d'aléa thérapeutique dont l'IPP est inférieur à 25 % ? Notons que dans les dossiers de préjudices corporels où le taux d'IPP est compris entre 15 et 24 %, les indemnités ne sont pas négligeables.

La volonté de l'Etat de mettre en place un système de solidarité nationale est louable mais les premières limites apparaissent déjà. Pour tenter d'y répondre, le législateur, grâce à la loi du 4 mars 2002, a facilité l'accès à l'assurance directe des patients par les dispositions de son Chapitre I du Titre IV relatif à " *l'accès à l'assurance contre les risques d'invalidité ou de décès* ". Ainsi, l'aléa thérapeutique, qui n'est indemnisable que par l'ONIAM et pour une IPP supérieure à 24 %, peut être couvert directement par une assurance contre les risques d'invalidité ou de décès. Ces dispositions permettent certes une meilleure indemnisation des victimes face à un événement dont le médecin n'est et ne peut pas être maître mais ne relèvent en aucune manière de la solidarité nationale. Elles mettent en avant un système de protection privée qui répond de ce fait aux seules règles du marché. L'accès est juridiquement facilité mais il reste ouvert aux seules personnes ayant les moyens financiers suffisants.

La loi du 4 mars 2002, en entérinant le principe d'obligation d'information, a eu un effet tout à fait bénéfique dans le système d'indemnisation des victimes sans pour autant " léser " le corps médical dans la pratique de son exercice ou les assureurs. En effet, si le patient est considéré comme un " consommateur ", il n'en reste pas moins que le corps médical se cantonne à un comportement paternaliste et parfois " énigmatique " qui relève souvent d'une volonté de protection du patient par le médecin. Le souhait du législateur est de tenter d'atténuer en partie cet aspect " énigmatique " de la médecine. La véritable demande des patients est de " savoir " ce qui s'est réellement passé lors d'une intervention. L'obligation d'information, dont l'accès à l'entier dossier médical, est probablement un moyen d'éviter les procédures contentieuses. Cette mesure permet une meilleure acceptation des risques et constitue donc une parade à la " course sécuritaire " à laquelle sont confrontés les professionnels de santé. Pourtant, les médecins ont fortement contesté l'accès au dossier médical par le patient, ses ayants droit ou titulaires de l'autorité parentale car elle constitue pour eux une " révolution culturelle ". Le patient devient " le " véritable acteur de son traitement médical. Mais est-il en possession de tous les moyens nécessaires à la compréhension des données médicales ? L'assistance d'un professionnel est peut-être utile. En effet, si l'accès au dossier médical est le reflet de la recherche d'une meilleure compréhension du patient et par conséquence une diminution éventuelle du nombre de dossiers contentieux, les informations contenues dans un dossier médical ne sont pas toutes à porter à la connaissance du patient pour son propre bien. Un manque de connaissances médicales ou une révélation inopportune pourraient conduire à une suspicion de la part du patient envers le praticien et alors déboucher sur un contentieux. Il reste à espérer que l'accès au dossier médical

n'aura, en règle générale, que l'avantage d'une meilleure communication entre patients et corps médical.
Bien d'autres problèmes dans l'indemnisation des victimes d'accidents thérapeutiques restent en suspens, notamment la rénovation de l'expertise. Il faut alors espérer que les lois du 4 mars et du 30 décembre 2002 ne sont que les prémices d'une amélioration du système de santé et de la réparation des préjudices qui lui sont imputables. Toutefois, l'orientation vers l'économie du droit peut représenter un danger pour le domaine de la responsabilité civile car il n'est pas souhaitable que le traitement des conditions de vie des victimes dépende principalement des exigences des acteurs économiques. Des mesures sont nécessaires dans le domaine de la prise en charge des victimes et notamment les personnes handicapées qui sont les plus affectées.

La conclusion de cette étude tient dans les conséquences d'une aversion grandissante au risque, notamment dans le domaine médical. Alors que la recherche du risque zéro est ici vaine et que les conditions nécessaires à une protection presque totale ne sont pas acceptées – et sans doute pas acceptables –, une solution législative qui contenterait tous les acteurs du débat ne peut s'appuyer que sur un compromis acceptable et évolutif.

TABLE DES MATIERES

ANNEXES

Cour de Cassation
Assemblée plénière
Audience publique du 17 novembre 2000

Cassation.

N° de pourvoi: 99-13701
Publié au bulletin

Premier président : M. Canivet.
Rapporteur: M. Sargos, assisté de Mme Bilger, auditeur.
Avocat général : M. Sainte-Rose.
Avocats : MM. Choucroy, Le Prado, la SCP Piwnica et Molinié, la SCP Gatineau.

REPUBLIQUE FRANCAISE
AU NOM DU PEUPLE FRANCAIS

Sur le deuxième moyen, pris en sa première branche du pourvoi principal formé par les époux X..., et le deuxième moyen du pourvoi provoqué, réunis, formé par la caisse primaire d'assurance maladie de l'Yonne:

Vu les articles 1165 et 1382 du Code civil;

Attendu qu'un arrêt rendu le 17 décembre 1993 par la cour d'appel de Paris a jugé, de première part, que M. Y..., médecin, et le Laboratoire de biologie médicale de Yerres, aux droits duquel est M. A..., avaient commis des fautes contractuelles à l'occasion de recherches d'anticorps de la rubéole chez Mme X... alors qu'elle était enceinte, de deuxième part, que le préjudice de cette dernière, dont l'enfant avait développé de graves séquelles consécutives à une atteinte in utero par la rubéole, devait être réparé dès lors qu'elle avait décidé de recourir à une interruption volontaire de grossesse en cas d'atteinte rubéolique et que les fautes commises lui avaient fait croire à tort qu'elle était immunisée contre cette maladie, de troisième part, que le préjudice de l'enfant n'était pas en relation de causalité avec ces fautes ; que cet arrêt ayant été cassé en sa seule disposition relative au préjudice de l'enfant, l'arrêt attaqué de la Cour de renvoi dit que" l'enfant Nicolas X... ne subit pas un préjudice indemnisable en relation de causalité avec les fautes commises "par des motifs tirés de la circonstance que les séquelles dont il était atteint avaient pour seule cause la rubéole transmise par sa mère et non ces fautes et qu'il ne pouvait se prévaloir de la décision de ses parents quant à une interruption de grossesse ;

Attendu, cependant, que dès lors que les fautes commises par le médecin et le laboratoire dans l'exécution des contrats formés avec Mme X... avaient empêché celle-ci d'exercer son choix d'interrompre sa grossesse afin d'éviter la naissance d'un enfant atteint d'un handicap, ce dernier peut demander la réparation du préjudice résultant de ce handicap et causé par les fautes retenues ;

PAR CES MOTIFS, et sans qu'il soit nécessaire de statuer sur les autres griefs de l'un et l'autre des pourvois:

CASSE ET ANNULE, en son entier, l'arrêt rendu le 5 février 1999, entre les parties, par la cour d'appel d'Orléans ; remet, en conséquence, la cause et les parties dans l'état où elles se trouvaient avant ledit arrêt et, pour être fait droit, les renvoie devant la cour d'appel de Paris, autrement composée que lors de l'audience du 17 décembre 1993.

MOYENS ANNEXES

MOYENS produits par M. Choucroy, avocat aux Conseils pour les époux X...

PREMIER MOYEN DE CASSATION: (Publication sans intérêt);

DEUXIEME MOYEN DE CASSATION:

Il est reproché à l'arrêt attaqué d'AVOIR dit que l'enfant Nicolas X... ne subissait pas un préjudice indemnisable en relation de causalité avec les fautes commises par le Laboratoire de biologie médicale de Yerres et le docteur Y..., dit que M. X... devra restituer aux appelants les sommes reçues à titre de provision et le déboute de toutes demandes plus amples et contraires.

AUX MOTIFS QU'il n'est pas contesté que Mme X... avait clairement exprimé la volonté, en cas d'atteinte rubéolique, de procéder à une interruption volontaire de grossesse ; que les fautes conjuguées des praticiens ne lui ont pas permis de recourir à cette solution ; qu'ainsi a été causé aux époux X... un préjudice tant moral que matériel dont l'indemnisation n'est remise en cause par personne;

Que, cependant, la Cour n'est pas saisie du préjudice subi directement par les parents de Nicolas, mais de celui de l'enfant lui-même ;

Qu'il échet donc de rechercher quel est le dommage subi par ce dernier, en lien avec les fautes commises par les praticiens ;

Qu'il sera, toutefois, rappelé qu'en la matière, dès lors que le dommage peut avoir une autre cause que la faute constatée, cette faute ne peut être censée constituer la condition sine qua non de la perte de chance ;

Qu'il est constant que les praticiens sont étrangers à la transmission à la mère de la rubéole ; qu'ils ne sont intervenus qu'après le début de la grossesse, de sorte que ne pouvait plus être évitée la conception de l'enfant ;

Qu'il est tout aussi constant qu'aucune thérapeutique quelconque, pratiquée en début de grossesse, n'aurait pu supprimer, voire limiter les effets de la rubéole sur le fœtus ;

Que, dès lors, Nicolas qui n'avait aucune chance de venir au monde normal ou avec un handicap moindre, ne pouvait que naître avec les conséquences douloureuses imputables à la rubéole à laquelle la faute des praticiens est étrangère, ou disparaître à la suite d'une interruption volontaire de grossesse dont la décision n'appartient qu'à ses parents et qui ne constitue pas pour lui un droit dont il puisse se prévaloir ;

Qu'il s'ensuit que la seule conséquence en lien avec la faute des praticiens est la naissance de l'enfant ;

Que, si un être humain est titulaire de droits dès sa conception, il n'en possède pas pour autant celui de naître ou de ne pas naître, de vivre ou de ne pas vivre ; qu'ainsi, sa naissance ou la suppression de sa vie ne peut pas être considérée comme une chance ou comme une malchance dont il peut tirer des conséquences juridiques ;

Que, dès lors, Nicolas X... représenté par son père, ne peut pas invoquer à l'encontre des praticiens, comme source de dommage, le fait d'être né parce que, à raison de leurs fautes conjuguées, ils n'ont pas donné à ses parents les éléments d'appréciation suffisants pour leur permettre d'interrompre le processus vital qui devait aboutir à sa naissance ;

ALORS, D'UNE PART, QU'il résulte des propres constatations de l'arrêt attaqué que la mère de l'enfant avait clairement exprimé la volonté, en cas d'atteinte rubéolique, de procéder à une interruption volontaire de grossesse et que les fautes conjuguées des praticiens ne lui ont pas permis de recourir à cette solution; qu'il s'ensuit que ces fautes étaient génératrices du dommage subi par l'enfant du fait de la rubéole de sa mère ; qu'en écartant le lien de causalité entre les fautes constatées et le dommage subi par l'enfant du fait de la rubéole de sa mère, l'arrêt attaqué a violé l'article 1147 du Code civil ;

ALORS, D'AUTRE PART, QUE dans ses conclusions devant la Cour l'exposant agissant "tant en son nom personnel qu'en sa qualité d'administrateur légal des biens de son fils Nicolas" faisait valoir et démontrait qu'au préjudice corporel subi par son fils correspondaient pour les parents de lourdes charges matérielles et financières ; que la Cour, qui admet le droit à réparation des parents pour leur préjudice matériel et moral, ne pouvait rejeter toute indemnisation sans se prononcer sur ces conclusions mettant en évidence l'existence d'un préjudice indemnisable ; qu'ainsi l'arrêt attaqué a violé l'article 455 du nouveau Code de procédure civile ;

TROISIEME MOYEN DE CASSATION: (Publication sans intérêt) ;

Moyens produits par la SCP Gatineau, avocat aux Conseils pour la CPAM de l'Yonne, demanderesse au pourvoi incident ;

PREMIER MOYEN DE CASSATION: (Publication sans intérêt) ;

DEUXIEME MOYEN DE CASSATION :

Il est fait grief à l'arrêt attaqué d'AVOIR dit que les fautes du docteur Y... et du laboratoire de biologie médicale de Yerres sont étrangères au préjudice subi par Nicolas X... et d'avoir rejeté les demandes de la CPAM.

AUX MOTIFS QU'il est constant que les praticiens sont étrangers à la transmission par la mère de la rubéole ; qu'ils ne sont intervenus qu'après le début de la grossesse, de sorte que ne pouvait plus être évitée la conception de l'enfant ;

Qu'il est tout aussi constant qu'aucune thérapeutique quelconque, pratiquée en début de grossesse, n'aurait pu supprimer, voire limiter les effets de la rubéole sur le fœtus ;

Que, dès lors, Nicolas qui n'avait aucune chance de venir au monde normal ou avec un handicap moindre, ne pouvait que naître avec les conséquences douloureuses imputables à la rubéole à laquelle la faute des praticiens est étrangère, ou disparaître à la suite d'une interruption volontaire de grossesse dont la décision n'appartient qu'à ses parents et qui ne constitue pas pour lui un droit dont il puisse se prévaloir ;

Qu'il s'ensuit que la seule conséquence en lien avec la faute des praticiens est la naissance de l'enfant ;

Que, si un être humain est titulaire de droits dès sa conception, il n'en possède pas pour autant celui de naître ou de ne pas naître, de vivre ou de ne pas vivre ; qu'ainsi, sa naissance ou la suppression de sa vie ne peut être considérée comme une chance ou comme une malchance dont il peut tirer des conséquences juridiques ;

Que, dès lors, Nicolas X... représenté par son père, ne peut pas invoquer à l'encontre des praticiens, comme source de dommage, le fait d'être né parce, à raison de leurs fautes conjuguées, ils n'ont pas donné à ses parents les éléments d'appréciation suffisants pour leur permettre d'interrompre le processus vital qui devait aboutir à sa naissance ;

ALORS QUE, il résulte des propres énonciations des juges du fond que Mme X... avait manifesté la volonté de provoquer une interruption de grossesse en cas de rubéole ; que les fautes conjuguées des praticiens ont induit la fausse certitude que Mme X... était immunisée contre la rubéole et qu'elle pouvait poursuivre sa grossesse sans aucun risque pour l'enfant ; qu'en conséquence ces fautes étaient génératrices du dommage subi par l'enfant du fait de la rubéole de sa mère ; qu'en niant tout lien de causalité entre les fautes constatées et le dommage subi par l'enfant, l'arrêt attaqué a violé l'article 1147 du Code civil ;

TROISIEME MOYEN DE CASSATION :

Il est fait grief à l'arrêt attaqué d'avoir dit que la CPAM de l'Yonne devra restituer aux appelants les sommes reçues à titre de provision.

AUX MOTIFS QUE les praticiens ne sont pas responsables du préjudice causé à Nicolas X... ;

ALORS QUE la Caisse qui exerce un recours aux fins de voir son préjudice indemnisé ne se prévaut pas uniquement du dommage subi par l'assuré social ; qu'implicitement mais nécessairement elle se fonde également sur son propre préjudice qui est distinct du premier; qu'à supposer que Nicolas X... n'ait souffert d'aucun dommage imputable aux appelants, il n'en demeure pas moins qu'en raison de la naissance de cet enfant, la CPAM de l'Yonne subit un préjudice propre résultant des nombreux versements qu'elle doit effectuer au profit de son assuré social ; que la créance de la CPAM n'est d'ailleurs contestée ni en son principe ni en son montant; que la cour d'appel a retenu plusieurs fautes imputables à chacun des praticiens ; que le lien de causalité entre le préjudice de la Caisse et les fautes des appelants n'était pas contesté; que les juges du fond ne pouvaient donc rejeter la responsabilité du docteur Y... et du laboratoire au seul motif tiré de leur absence de responsabilité vis-à-vis de Nicolas X... sans méconnaître le droit propre à la Caisse et violer ainsi les articles 1382 et suivant du Code civil.

Publication : Bulletin 2000 A. P. N° 9 p. 15
Décision attaquée : Cour d'appel d'Orléans, 1999-02-05
Titrages et résumés PROFESSIONS MEDICALES ET PARAMEDICALES - Médecin chirurgien - Responsabilité contractuelle - Faute - Lien de causalité - Femme enceinte - Concours de fautes d'un laboratoire et d'un praticien - Enfant né handicapé - Droit à réparation.

Dès lors que les fautes commises par un médecin et un laboratoire dans l'exécution des contrats formés avec une femme enceinte avaient empêché celle-ci d'exercer son choix d'interrompre sa grossesse afin d'éviter la naissance d'un enfant atteint d'un handicap, ce dernier peut demander la réparation du préjudice résultant de ce handicap et causé par les fautes retenues.

Courbe des Préjudices Corporels : Paris 1995

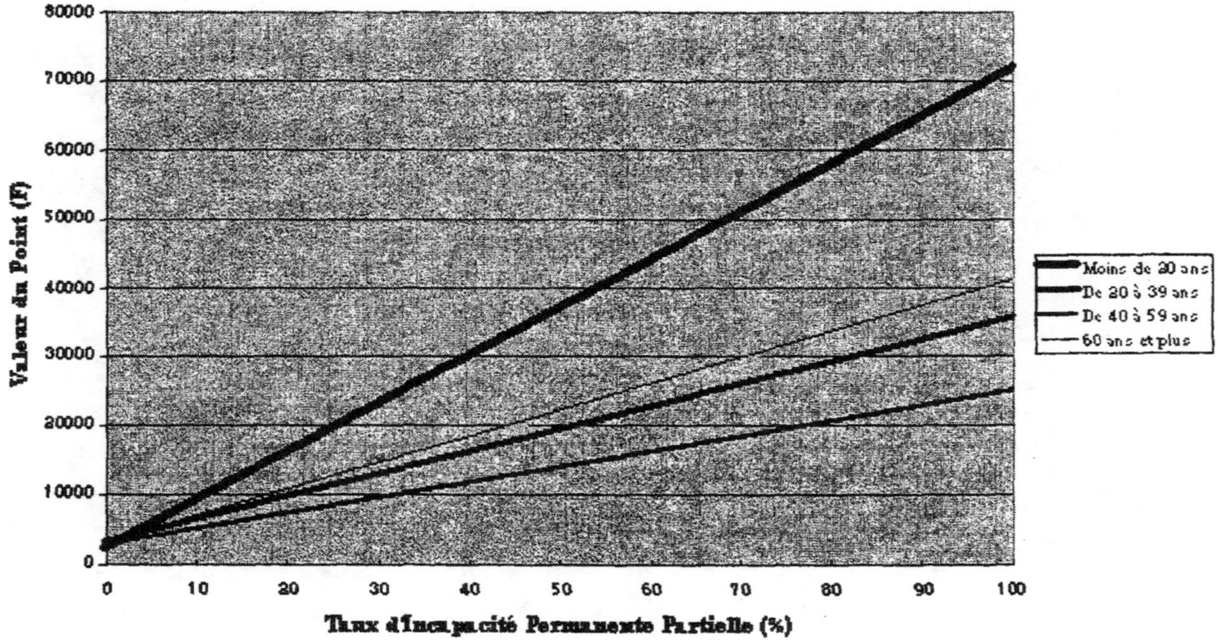

Courbe des Préjudices Corporels : Aix-En-Provence 1995

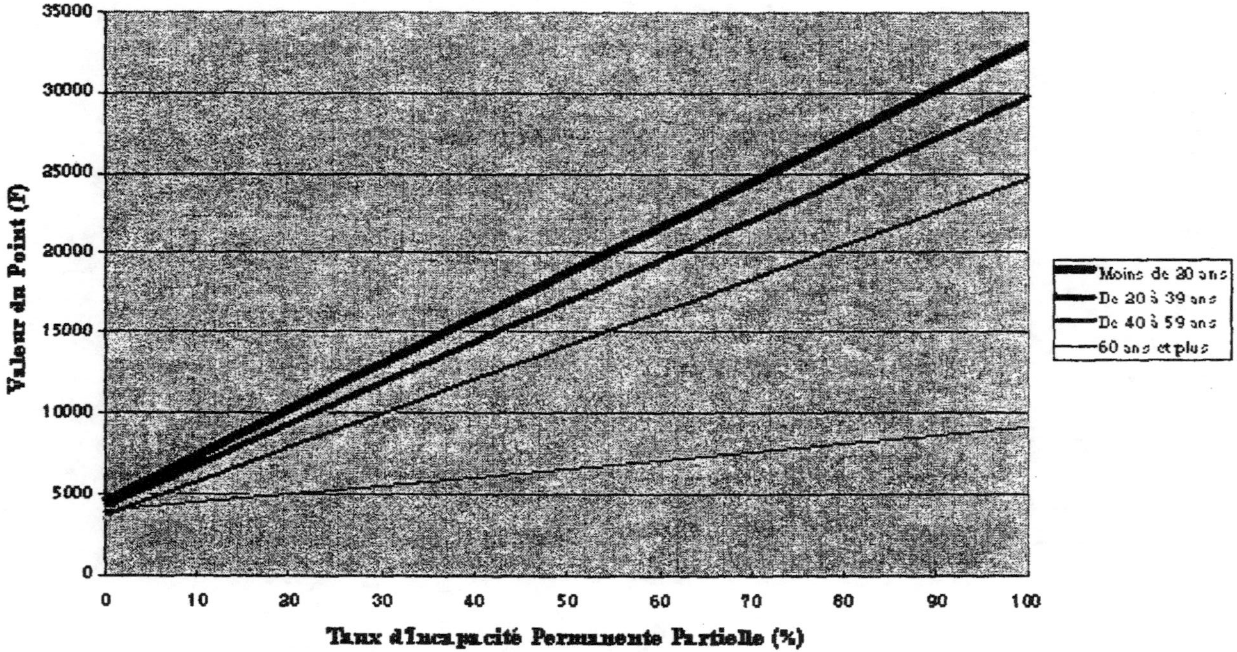

BIBLIOGRAPHIE

Ouvrages :

-WELSCH Sylvie, Avocat à la Cour d'Appel de Paris, Préface Bernard Glorion (2000), La responsabilité du médecin, Risques et réalités judiciaires, Litec.

-DIBOS-LACROUX Sylvie, Avocat au barreau de Paris, VALLAS-LENERZ Emmanuelle, Avocat au barreau de Paris, (2003), PATIENTS, Faîtes respecter vos droits, Prat.

-LE ROY Max, Président de Chambre honoraire à la Cour d'Appel de Paris, Préface de Monsieur Henri MARGEAT, (2000), L'évaluation du préjudice corporel, Litec.

-FFSA, 12 septembre 2000, Le Livre Blanc de la Responsabilité Civile.

-NAUD Frédéric (avril 2003), Pratique du contentieux administratif : Contentieux de la responsabilité médicale, Dalloz Professionnels.

Articles :

SEGARD Jean-François, Avocat au barreau de Lille, Commentaire pratique du texte de loi relatif aux droits des malades et à la qualité du système de santé, SPPSLine.

RADE Christophe, Professeur à l'Université Montesquieu – Bordeaux IV, La réforme de la responsabilité médicale après la loi du 4 mars 2002 relative aux droits des malades et à la qualité du système de santé, Responsabilité civile et assurances, 15e année, n° 5 Mai 2002.

BOU Christine, Avocat au barreau de Nice, Accès directe au dossier médical : la nouvelle donne, La Revue du Praticien – Médecine générale, Tome 16, n° 570 du 8 avril 2002

COURTIEU Guy, Docteur en Droit, L'assurance obligatoire de la responsabilité médicale, Responsabilité civile et assurances, 16e année, n° 4 Avril 2003

www.ingramcontent.com/pod-product-compliance
Lightning Source LLC
LaVergne TN
LVHW051058051026
849532LV00004BB/1395
* 9 7 8 2 7 4 7 5 6 1 2 9 7 *